Claudia Tenberge (Hrsg.) | Lars Pelz | Manon Gödiker | Grit Spremberg und Christine Ernst

Technik handwerklich und digital erleben

Ein Erweiterungsband mit Unterrichtsideen zur Lösung technischer Problemstellungen

Klett | Kallmeyer

Unter **www.friedrich-verlag.de** finden Sie Materialien zum Buch als Download.
Bitte geben Sie den achtstelligen Download-Code in das Suchfeld ein:
d31896th

Bibliografische Information der Deutschen Nationalbibliothek
Die Deutsche Nationalbibliothek verzeichnet diese Publikation in der Deutschen Nationalbibliografie;
detaillierte bibliografische Daten sind im Internet über http://dnb.d-nb.de abrufbar.

Impressum

Claudia Tenberge (Hrsg.) · Lars Pelz · Manon Gödiker Grit Spremberg · Christine Ernst
Technik handwerklich und digital erleben
Ein Erweiterungsband mit Unterrichtsideen zur Lösung technischer Probelmstellungen

1. Auflage

Friedrich Verlag GmbH
Luisenstraße 9
D-30159 Hannover

www.friedrich-verlag.de

Redaktion: Daniela Brunner, Korschenbroicht
Druck: Plump Druck & Medien GmbH, Rolandsecker Weg 33, 53619 Rheinbreitbach
Printed in Germany

ISBN (print): 978-3-7727-1896-0
ISBN (E-Book): 978-3-7727-1897-7

Claudia Tenberge (Hrsg.) | Lars Pelz | Manon Gödiker | Grit Spremberg und Christine Ernst

Technik

handwerklich und digital erleben

Ein Erweiterungsband mit Unterrichtsideen zur Lösung technischer Problemstellungen

Klett | Kallmeyer

Inhalt

Die Anregungen werden teilweise durch Arbeitsblätter für die Hand der Kinder ergänzt. Diese können Sie kopieren oder aber auch als Downloadmaterial herunterladen und selbst ausdrucken.

Technik – handwerklich und digital erleben

Das Projekt teachwood, ein Angebot zum technisch-praktischen Arbeiten an Grundschulen, wird um das Modul teachwood digital ergänzt. Es bietet Anregungen, neben handwerklichem Tun und problemlösend-technischem Denken auch damit vernetzte digitale Inhalte in die Klassen 1-4 zu bringen. Weiterhin besteht das Ziel darin, Kinder dabei zu unterstützen, zu kritischen Gestalter:innen ihrer (digital-)technisierten Umwelt zu werden.

Vorwort
(Dr. Stefan Möhringer, ProWood Stiftung) 6

Einleitung
Technisches Lernen fördern in einer digitalisierten Welt 7
Technik – handwerklich und digital erleben: Eine Einordnung 7
Ausgewählte analoge Werkzeuge und digitale Tools im Überblick 10

Überblick über die Kompetenzbereiche
Im Weiteren sind Sequenzen aufgeführt, die spiralcurricular aufeinander aufbauen. Je nach Vorerfahrungen, Vorkenntnissen und Interessenlagen der Lerngruppe können auch nur einzelne Sequenzen ausgewählt oder in der Reihenfolge der Bearbeitung variiert werden.

Vorbereitende Unterrichtsideen zum technisch-praktischen Lernen – Analoges und digitales Problemlösen: „Jetzt kann ich auch programmieren!“
Sachinformationen

Sequenz 1: **Analoges Programmieren mit dem *Human Robot*** (ab Ende Klasse 1) 24
Sequenz 2: **Mit dem Lernroboter *Blue-Bot* Probleme lösen** (ab Ende Klasse 1) 28
Sequenz optional: **Das gleiche, nur anders: Programmieren mit *Scottie Go!*** (ab Klasse 3) 36
Sequenz 3: **Kennenlernen des Mikrocontrollers *Calliope mini*** (ab Klasse 3) 38

Kompetenzbereich 1
Sachgemäßes Umgehen mit (digitalen) Werkzeugen und Materialien

Sequenz 4: **Bau einer Nageltreppe** (ab Klasse 1) 46

Sequenz 5: **Die klingende Nageltreppe – Programmieren und Abspielen von Tönen** (ab Ende Klasse 2) 48

Kompetenzbereich 2
Erfinden technischer Lösungen

Sequenz 6: **Bau eines vierrädrigen Fahrzeugs aus Holz** (ab Klasse 3) 54

Sequenz 7a: **Beleuchtung des Fahrzeuges** (ab Klasse 3) 56

Sequenz 7b: **Erfindung einer Alarmanlage für das Fahrzeug** (ab Klasse 3) 64

Sequenz 8a: **Bau des Geschicklichkeitsspiels „Der heiße Draht"** (ab Klasse 3) 74

Sequenz 8b: **Anti-Schummel-Programm für das Spiel „Der heiße Draht" durch Programmierung** (Klasse 3/4) 76

Kompetenzbereich 3
Bewerten technischer Entwicklungen und Erfindungen

Sequenz 9a: **Bau eines Messrades** (ab Ende Klasse 3) 84

Sequenz 9b: **Erweiterung des Messrades durch digitale Messwerterfassung** (Klasse 4) 90

Sequenz 9c: **Leben in einer technisierten Welt – Chancen, Limitationen, Verantwortung** (ab Ende Klasse 3) 96

Vorwort Stiftung

„Mit Technik gestaltet der Mensch die Welt und verändert sie.“ Mit diesem Satz beginnt das Vorwort zum Buch „Holz erleben – Technik verstehen“, und diese Aussage bleibt auch für den Ergänzungsband unverändert gültig. Jedoch hat sich die Geschwindigkeit, mit der sich die Technik und damit die Welt verändert, erhöht und fordert Lehrende auf, sich beständig neues Wissen zu erarbeiten, um Schülerinnen und Schüler mit notwendigen Zukunftskompetenzen ausstatten zu können. Längst sind außerschulische Lernorte, Initiativen des dritten Sektors und die Wirtschaft aufgesprungen, und aus dem schulischen Bildungsauftrag zur digitalen Bildung ist eine gesamtgesellschaftliche Aufgabe geworden. Die gemeinsame Aufgabe lautet, Kinder und Jugendliche zu (digital-)technisch souveränen, mündigen und urteilsfähigen Menschen zu erziehen.

Mit diesem Ergänzungsband wollen wir zu dieser Aufgabe beitragen und einen Zugang anbieten, der digitale Technik als Ergänzung zum handwerklichen Tun und technischen Denken versteht und damit einen Kontext zum Alltag der Kinder schaffen kann. Entstanden ist das Buch, wie schon der Vorgänger, aus vielfach erprobtem Unterricht mit unterschiedlichen Lerngruppen.

Die ProWood Stiftung möchte mit ihrem Projekt teachwood und mit diesem Lehrbuch handwerkliche und technikbezogene Kompetenzen entwickeln und das grundsätzliche Interesse dafür wecken. Vor allem aber möchte sie den Lehrkräften und den Kindern die Freude am handwerklichen Arbeiten und technischen Denken nahebringen und digitale Technologien verständlich und mit Verknüpfung an die eigene Welt vermitteln. Die Fotos dieses Buches, die alle aus realen Unterrichtssituationen stammen, zeigen eindrücklich, mit welcher Unvoreingenommenheit Kinder mit analogen wie digitalen Werkzeugen umgehen. Und die fast schon greifbare Konzentration, die im Raum entsteht, spricht Bände.

Wir hoffen, dass Ihnen dieses Buch Lust darauf macht, das Thema neu anzupacken, bereits Etabliertes zu ergänzen oder Sie sich einfach motiviert fühlen, weiterzumachen.

An dieser Stelle ein großer Dank an die Multiplikator:innen des Teachwood-Projektes, die seit Jahren ihren reichen Erfahrungsschatz und ihre riesige Begeisterung mit in dieses Projekt einfließen lassen.

Dr. Stefan Möhringer
ProWood Stiftung

Einleitung

Claudia Tenberge

Von wem wurde der Unterricht entwickelt?

Der Unterricht wurde in Kooperation der Universität Paderborn, der iMINT Akademie Berlin und der ProWood Stiftung in Kooperation mit Multiplikator:innen des Projektes „Teachwood" entwickelt.
Wir danken für Erarbeitung, Erprobung und Optimierung insbesondere Mareike Bohrmann, Christine Ernst, Steffi Grötsch, Stefan Hennings, Ingo Herrmann. Thorsten Kirste, Lars Pelz, Peter Rogoll, Claudia Tenberge und Frauke Vehmeier.

Technisches Lernen fördern in einer digitalisierten Welt

Technisch-praktisches Lernen mit Werkzeugen ist integraler Bestandteil technischer Bildung und gehört damit zur Aufgabe der Schule. Die Bearbeitung technischer Fragestellungen aus der Lebenswelt der Kinder erfordert auch eine Verknüpfung mit weiteren Perspektiven des Sachunterrichts wie beispielsweise der historischen, der naturwissenschaftlichen und der sozialwissenschaftlichen Perspektive.
Kinder nutzen Technik und sind von Folgewirkungen betroffen. Ziel sollte es sein, die Kinder zu befähigen, Technik nicht bloß zu bedienen, sondern auch Entstehungs- und Funktionszusammenhänge zu durchschauen, zu begreifen und zu bewerten, um eine humane Technik mitgestalten, mitdenken und mitverantworten zu können.
Dieser Erweiterungsband knüpft unmittelbar an das Buch „Holz erleben – Technik verstehen" (Möller et al. 2017) an. Auch in diesem Erweiterungsband liegen erprobte praktische Unterrichtsideen und Materialien vor. Es werden die Handlungsprodukte und Fragestellungen des ersten Bandes zugrundegelegt und mit digitalen Tools erweitert. Warum diese Erweiterung? Der Umgang mit Holz und Holzwerkzeugen gehört weiterhin unbestritten zu den Gegenständen des mehrperspektivischen Sachunterrichts in der Grundschule. Kinder leben in einer von (digitaler) Technik geprägten Welt. Die Lebenswelt der Kinder verändert sich stetig, dennoch bleibt das technische Problemlösen eine zentral zu erwerbende Kompetenz. An die Handlungsprodukte des ersten Bandes anknüpfend werden daher neben analogen auch digitale Werkzeuge für technische Problemstellungen und deren Lösungen eingesetzt.
Das Ziel der Projekterweiterung besteht damit in der Verbindung von handwerklichem Produzieren und technischem Denken (Problemlösen) mit digitalgestützten Lösungen, um so Technik handwerklich und digital zu erleben. „Alte" Fragestellungen werden durch Einbeziehen digitaler Tools neu beantwortet und reflektiert.
Die Befähigung zum selbstständigen Problemlösen im so erweiterten Rahmen trägt auch dazu bei, die Bereitschaft der Schüler:innen zu fördern, sich auf Probleme, deren Lösung und Bewertung beim Programmieren einzulassen sowie Problemlösefähigkeiten im digitalen Umfeld zu entwickeln und eine kritisch mündige Haltung anzubahnen. Damit kann bildungspolitischen Vorgaben angesichts der zunehmenden Digitalisierung der Lebenswelt Rechnung getragen werden. Die vorgeschlagenen Anregungen können zugleich unterstützen, Anforderungen der Medienkompetenzrahmen in den Bundesländern als bildungspolitische Vorgabe umzusetzen.

Technik – handwerklich und digital erleben: Eine Einordnung

Folgende Rahmungen lassen sich für das handwerkliche und digitale Erleben und Durchdringen technischer Sachverhalte und Fragestellungen herausstellen:

- ein tiefgreifender struktureller Umbruch von der Industrie hin zur Netzwerkgesellschaft,
- ein Leben in einer maßgeblich durch Mediatisierung und Digitalisierung geprägten Gesellschaft im Allgemeinen und Bildung im Besonderen sowie
- die bildungspolitische Forderung nach Vermittlung von Medienkompetenz und informatischer Grundbildung bereits in der Grundschule (z. B. MKR, NRW).

Technische Bildung im Sachunterricht der Grundschule zielt damit auf eine Qualifikation für eine mündige Teilhabe der Schüler:innen in einer technisierten Gesellschaft. Technische Bildung gilt als Schlüsselkompetenz in einer technisierten Welt; eine Aufgabe des Sachunterrichts liegt folglich darin, die (technische) Lebenswirklichkeit der Kinder zu erschließen. Die Arbeit an relevanten Problemen meint nicht nur auf inhaltlicher Ebene *das Lernen an Problemen*. Hier bilden technische Probleme den Ausgangspunkt des Unterrichts. Es gilt, in realen Kontexten die Anwendung des Gelernten an problemhaltigen Aufgaben umzusetzen – immer mit dem Fokus, träges Wissen zu vermeiden. Außerdem kann auf methodischer Ebene Problemlösen als Bestandteil des Denkprozesses betrachtet werden. Eine Problemorientierung des Sachunterrichts umfasst das *Lernen, Probleme zu lösen und das Denken zu fördern*. Problemorientierung wird so als Prinzip für den Erwerb kognitiver Strukturen, als Anregung kognitiver Eigentätigkeit gesehen – beim technisch-praktischen Lernen immer in Verknüpfung mit dem Anspruch, *Lernen zu handeln und handeln, um zu lernen*.

Mit Blick auf das analysierend-technische Denken im Sachunterricht und die damit einhergehende Problemorientierung im Unterricht werden folgende Ziele verfolgt:

- die Befähigung zum selbstständigen Problemlösen,
- die Entwicklung der Bereitschaft, sich auf Probleme einzulassen und
- die Entwicklung von Problemlösefähigkeiten.

Dabei sind die Lösungen im technischen Bereich final ausgerichtet; entsprechende vom Menschen aufgestellte Kriterien dienen der Bewertung der gefundenen (Teil-)Lösungen. Die Abbildung auf Seite 9 oben visualisiert einen möglichen Ablauf eines Problemlöseprozesses. Zunächst wird ein Problem wahrgenommen. So kann es beispielsweise darum gehen, ein Fahrzeuggrundmodell mit Starrachsen so umzubauen, dass es gelenkt werden kann. Das eigentliche Problem sollte genau formuliert werden; oftmals wird dabei deutlich, dass das Erfinden einer Lenkung mit vielen kleinen Teilproblemen einhergeht, die ihrerseits gelöst werden müssen (vgl. Sequenzen zum Fahrzeug aus Alltagsmaterialien oder zur Erfindung eines Antriebs bzw. einer Lenkung im Kompetenzbereich 2). Eine mögliche Lösung wird geplant, umgesetzt und getestet. Dies kann zur Optimierung einer vorläufigen Lösung führen. Beim technischen Problemlösen gibt es nicht die eine richtige Lösung, sondern es sind verschiedene Varianten möglich. Eine Lösung wird bewertet anhand festgelegter Kriterien, wie beispielsweise das möglichst reibungsfreie Lenken bei der Drehschemel-Lenkung. Reibt eine Holzachse beim Drehen gegen die Grundplatte aus Holz, so handelt es sich zwar grundsätzlich um eine mögliche Lösung. Mit dem Kriterium der Reibungsminimierung könnte eine Unterlegscheibe aus Metall die Reibung aber minimieren und so zu einer Verbesserung führen.

Mit Blick auf die Wirkung problemorientierter Lernumgebungen auf den Lernerfolg bei Schüler:innen zeigen vorliegende Befunde, dass anspruchsvolles technisches Problemlösen bereits im Sachunterricht möglich ist. Für die Umsetzung technischer Problemlösungen – handwerklich und digital erlebbar – unter Einbezug analoger und digitaler Tools gibt es allerdings bisher wenig Umsetzungsvorschläge für den

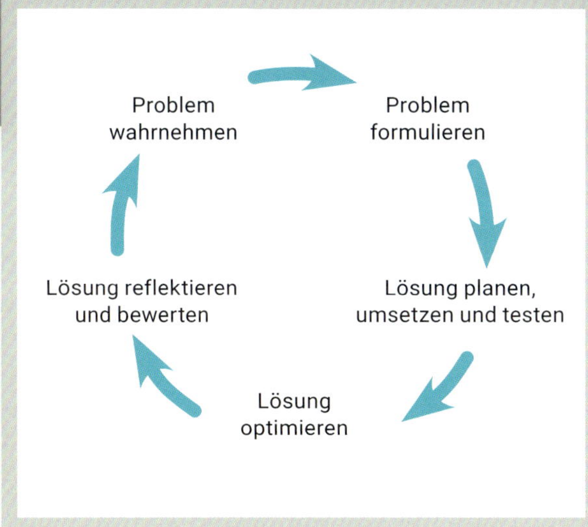

Abbildung in Anlehnung an GDSU, S. 63; Mammes & Zolg 2015, S. 146; Ahlgrimm et al. 2018, S. 79–89

Unterricht. Hier setzt der vorliegende Erweiterungsband an.

Was heißt das für den Erweiterungsband? Folgende Ziele für die vorgeschlagenen Unterrichtssequenzen, die analoge und digitale Tools für technische Problemlösungen kombinieren, werden angestrebt:

1. **Befähigung zum selbstständigen Problemlösen:** erkennen, nachvollziehen und reflektieren *algorithmischer Muster* und Strukturen, z. B. mithilfe von Lernrobotern
2. **Entwicklung der Bereitschaft,** sich auf Probleme, deren Lösung und Bewertung beim Programmieren z. B. eines Lernroboters oder eines Mikrocontrollers einzulassen
3. **Entwicklung von Problemlösefähigkeiten/Strategien:** Lösungen erkennen und formalisiert beschreiben, Lösungsstrategien entwerfen und dazu eine strukturierte, algorithmische Sequenz planen, programmieren, sie umsetzen und bewerten, z. B. mithilfe einer einfachen Programmiersprache am Laptop/Tablet PC oder verschiedener Lernroboter bzw. Mikrocontroller
4. **Entwicklung einer kritischen Haltung:** die Einflüsse von Algorithmen und die Auswirkung der Automatisierung von Prozessen in der digitalen Welt reflektieren

Bei der Verbindung von handwerklichem und digitalem Problemlösen wurde das Modell des Problemlösekreises mit Aspekten des sogenannten *Computational Thinkings* verknüpft: *Computational Thinking* beschreibt die Fähigkeit, a) ein Problem zu identifizieren, b) eine Problemlösung zu entwickeln, c) diese so zu präsentieren, dass sie von einem Menschen oder einem Computer umgesetzt werden kann und d) die Reflexion der Lösung. Die Verwandtschaft zum oben beschriebenen Kreislauf ist deutlich erkennbar. So setzt auch der Erweiterungsband unmittelbar an die bereits im Holz-Buch von Monika Zolg beschriebene didaktische Begründung an und erweitert sie um Aspekte aus dem Kontext zunehmender Digitalisierung der Lebenswelt der Kinder (S. 19):

Auf dem Weg zur Technik?

Technisch-praktisches Lernen vermittelt anwendbares technisches Können, das im Alltag vielfach eingesetzt werden kann. Es entwickelt und vertieft Fähigkeiten zur Planung, Durchführung und Bewertung technischer Handlungsabläufe und -produkte und fördert dadurch das technische Denken. Kinder erfahren durch diese Beschäftigung auch, dass Technik vom Menschen erdacht und gemacht ist und verantwortet werden muss. Sie erleben sich dabei stets als technisch-produktiv und kreativ. Über die Beschäftigung mit Technik, wie z.B. der Herstellung eines Gegenstandes, wird ihr Selbstvertrauen und ihr Kompetenzgefühl gestärkt.

Literatur

Ahlgrimm, Ariane/Binder, Martin/Krekeler, Hermann/ Poog, Maria & Christian Wiesmüller (2018): Technikkreis – ein Werkzeug für Fach- und Lehrkräfte, die Kinder beim Lösen technischer Probleme begleiten. In: GDSU Journal Heft 8. Online: https://gdsu.de/sites/default/files/gdsu-info/files/79_89_ahlgrimm.pdf

Barendsen, E./Bruggink, M. (2019): Het volle potentieel van de computer leren benutten: over informatica en computational thinking [Learning to use the full potential of the computer: about computer science and computational thinking]. Van Twaalf Tot Achttien, 29 (10), S. 16–18. https://repository.ubn.ru.nl/bitstream/handle/2066/213908/213908.pdf

Beinbrech, Christina (2015): Problemorientierter Sachunterricht. In: Kahlert, Joachim/Fölling-Albers, Maria/ Götz, Margarete & Andreas Hartinger (Hrsg.): Handbuch Didaktik des Sachunterrichts. Bad Heilbrunn, S. 398–403.

Mammes, Ingelore & Zolg, Monika (2015): Technische Aspekte. In: Kahlert, Joachim/Fölling-Albers, Maria/ Götz, Margarete & Andreas Hartinger (Hrsg.): Handbuch Didaktik des Sachunterrichts. Bad Heilbrunn, S. 143–149.

Medienkompetenzrahmen NRW online: https://medienkompetenzrahmen.nrw/

Möller, K. (2022): Technisches Lernen in der Grundschule, In: Grundschule, H.2, S. 51–54.

Tenberge, Claudia (2002): Persönlichkeitsentwicklung und Sachunterricht. Eine empirische Untersuchung zur Persönlichkeitsentwicklung in handlungsintensiven Lernformen im naturwissenschaftlich-technischen Sachunterricht der Grundschule. Inauguraldissertation. Münster.

Wing, J. M. (2017): Computational thinking's influence on research and education for all. Italian Journal of Educational Technology, 25(2), 7–14. doi: 10.17471/2499-4324/922

Ausgewählte analoge und digitale Tools (Werkzeuge) im Überblick

Bereits in der Grundschule sind Kinder in der Lage, Holz mit einfachen Werkzeugen zu bearbeiten und daraus Gegenstände anzufertigen. Neben Tanne und Fichte als Vollholz findet Sperrholz Verwendung. Als Holzwerkzeuge haben sich die Feinsäge, die Raspel, die Feile, Schleifpapier, der Nagelbohrer, der Schraubendreher, die Kneifzange, die Schraubzwinge und die Holzklemme sowie die Laubsäge bewährt.

Regeln für die Arbeit mit Werkzeugen und Tipps für die Organisation des Unterrichts behalten ihre Gültigkeit. Hinweis: Ausführliche Informationen dazu finden sich im Buch „Holz erleben – Technik verstehen" (2017) auf den Seiten 22 bis 29.

Neben den genannten Holzwerkzeugen werden im Erweiterungsband **Lernroboter** und der **Mikrocontroller Calliope mini** eingesetzt.

Ein Roboter stellt eine technische Apparatur dar, die üblicherweise dazu dient, dem Menschen mechanische Arbeit abzunehmen. Er kann sowohl eine ortsfeste als auch mobile Maschine sein und wird von Computerprogrammen gesteuert. Jeder Roboter besitzt ein Grundgerüst, das alles trägt und zusammenhält. Er verfügt über Mechanismen, mit denen er Werkzeuge einsetzen kann oder sich frei bewegt. Diese Mechanismen werden Aktoren genannt. Zur Orientierung in ihrer Umwelt sind die Roboter mit künstlichen „Sinnesorganen" ausgerüstet. Das sind Sensoren. Damit ein Roboter arbeiten kann, muss er eine Energiequelle besitzen, die ihn mit Elektroenergie versorgt. Das Zusammenwirken von Aktoren, Sensoren und Energiequelle funktioniert nur, wenn eine Steuerung vorhanden ist. Dazu ist ein *Computer* erforderlich. Ein Computer benötigt ein passendes Programm. Dieses enthält die Befehle zur Erfüllung der Aufgaben. Dabei gibt es verschiedene Programmiersprachen, bei denen die Befehle unterschiedlich formuliert bzw. dargestellt werden können (beispielsweise textbasiert und/oder als grafische Darstellung).

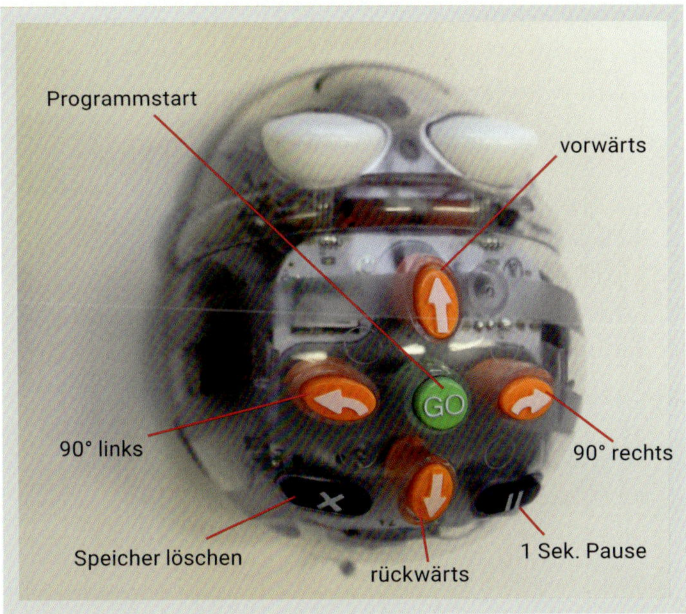

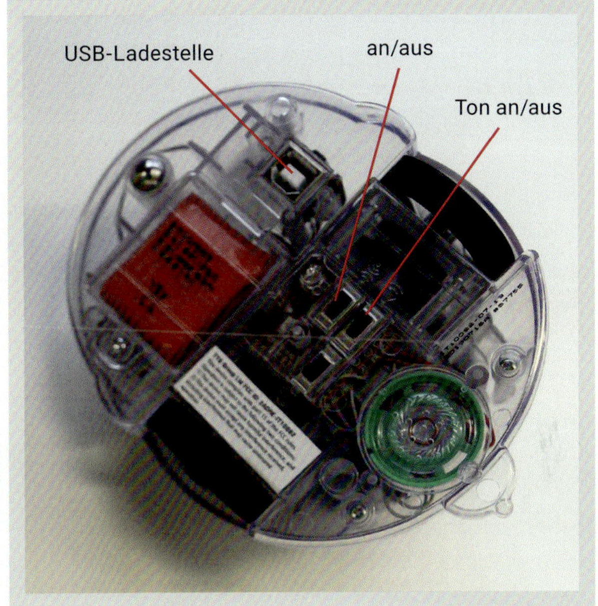

Der Blue-Bot und seine Funktionen

Was ist nun mit einem Lernroboter gemeint? Es handelt sich um einen Roboter, der durch die Einbettung in ein didaktisches Konzept zu einem Lernroboter wird. Im Erweiterungsband werden im Kompetenzbereich 1 der *Blue-Bot*, der *Ozobot* und das interaktive Spiel *Scottie Go!* vorgeschlagen; für die Kompetenzbereiche 2 und 3 kommt der Mikrocontroller *Calliope mini* zum Einsatz.

1. Blue-Bot

Der Roboter Blue-Bot soll Kindern bildhaft beim Umsetzen und Verstehen grundlegender Bewegungsabläufe helfen, welche bereits der Logik von Algorithmen beim Programmieren entsprechen. Über die Richtungstasten auf dem Rücken speichern die Kinder eine beliebige Bewegungsabfolge, die der Roboter dann nach und nach umsetzt. Der Blue-Bot ist in der Lage, vorwärts und rückwärts zu fahren sowie sich in 90-Grad-Winkel-Abschnitten im Kreis zu drehen. In der Folge kann eine große Vielzahl möglicher Wege programmiert werden, die bis zu 200 Befehle enthalten können.

Die Augen erleichtern den Kindern eine Orientierung, wo aus der Perspektive des Lernroboters vorne ist. Anders als der Bee-Bot besitzt der Blue-Bot eine transparente Hülle, die einen Einblick in die Bestandteile des Lernroboters ermöglicht.

Programmieren des Blue-Bots

Nachdem der Blue-Bot eingeschaltet wurde, löscht sich der interne Speicher sofort. Sollte „GO" gedrückt werden, ertönt ein Piepen und der Roboter bewegt sich nicht.

Die Kinder können im Folgenden Befehle (vorwärts, rückwärts, links, rechts, Pause) über die Knöpfe auf dem Rücken des Blue-Bots eingeben. Der Speicher ermöglicht insgesamt 200 Eingaben.

Befehle für den Blue-Bot:

- Vorwärts: Blue-Bot bewegt sich 15 cm nach vorne.
- Rückwärts: Blue-Bot bewegt sich 15 cm zurück.
- Links: Blue-Bot rotiert 90° nach links.

- Rechts: Blue-Bot rotiert 90° nach rechts.
- GO: Führt die eingegebenen Befehle aus. Sollte GO während der Ausführung gedrückt werden, stoppt der Blue-Bot.

Löschen des Speichers: Sobald 200 Befehle eingegeben wurden, ist es nicht mehr möglich, weitere hinzuzufügen. Um den gesamten Speicher des Blue-Bots zu löschen, wird die Taste „X" gedrückt.
ACHTUNG: Es können nur ganze Befehlsketten eingegeben werden. Der Austausch einzelner Anweisungen aus einer längeren Befehlskette ist nicht möglich!

Ruhemodus: Wenn der Blue-Bot fünf Minuten nicht genutzt wurde, fällt er in den Ruhemodus, wodurch er weniger Strom benötigt. Wenn ein beliebiger Knopf gedrückt wird, „erwacht" der Blue-Bot wieder.

Blue-Bot laden: Das USB-Kabel wird mit der Ladestelle des Blue-Bots und USB-Schnittstelle des PCs verbunden bzw. auf die entsprechende Ladestation gelegt; diese Ladestation ist für sechs Blue-Bots ausgelegt und wird an die Steckdose angeschlossen. Wenn die Augen des Blue-Bots rot leuchten, wird dieser geladen. Leuchten die Augen grün, ist er vollständig geladen.

Kompatibilität des Blue-Bots: Der Blue-Bot ist mit jeder Bluetooth-fähigen Hardware von iOS, Android, Windows oder Mac OSX kompatibel.

Programmieren des Blue-Bots über die App/Software
Es ist möglich, den Blue-Bot auch über eine App zu programmieren. Die Blue-Bot-App ist erhältlich für Android, iOS, Windows 7+ und Mac OSX. Die App für Tablets kann von GooglePlay oder iTunes downgeloadet werden. Die Software für Windows und Mac OSX ist zum Download auf der TTS Website verfügbar.

Verbinden des Blue-Bots: Bluetooth v4.0, Bluetooth Smart und BLE-Geräte müssen nicht mit dem Blue-Bot verbunden werden. Bei allen übrigen Geräten ohne Bluetooth v4.0, Bluetooth Smart und BLE baut die Blue-Bot-App/Software eine Verbindung auf, wenn diese benötigt wird:

1. Schalte Bluetooth auf deinem Gerät ein und suche nach nahen Geräten.
2. Schalte den Blue-Bot ein, um ihn sichtbar für dein Gerät zu machen.
3. Blue-Bot erscheint auf der Liste sichtbarer Geräte.
4. Öffne die Blue-Bot-App und gehe auf die Zahnräder oben rechts.
5. Wähle Bluetooth aus und verbinde Blue-Bot mit deinem Gerät.

Sobald der Blue-Bot mit dem Gerät verbunden ist, kann dieser von der Blue-Bot-App/Software aus kontrolliert werden.

Umbenennen des Blue-Bots: Der Blue-Bot hat als Standard den Namen „Blue-Bot". Dieser Name kann innerhalb der Blue-Bot-App/Software in den Einstellungen verändert werden. Wenn mehrere Blue-Bots an einem Ort zum Einsatz kommen, ist es sinnvoll, den Namen zu ändern. Dieser kann im Anschluss auf dem Gerät (per Klebesteifen) vermerkt werden.

2. Blue-Bot TacTile Reader

Der TacTile Reader ermöglicht es Kindern, den Roboter Blue-Bot zu programmieren. Durch das Auflegen von Anweisungen in Plättchenform auf die TacTile-Tastatur und das Drücken des Startknopfes fährt der Blue-Bot die vorgegebene Route ab.

Aufbau des Blue-Bot TacTile Readers
Der Blue-Bot TacTile Reader wird mit sogenannten „Fliesen" geliefert. Diese Fliesen sind auf der Vorder- und Rückseite bedruckt. Dies ermöglicht es, den Tac-

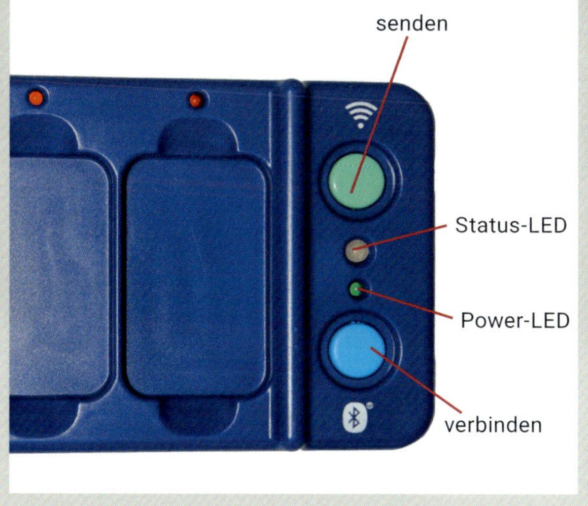

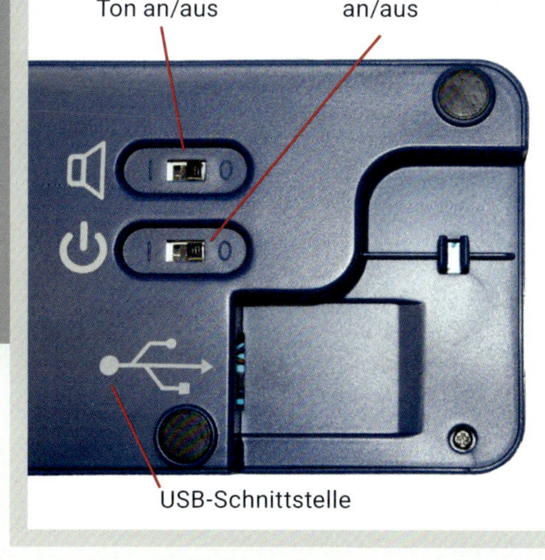

Rückseite des Blue-Bot TacTile Readers

Tile Reader horizontal (tts) oder vertikal (Blue-Bot) zu nutzen (s. Fotos unten).

Blue-Bot TacTile Reader laden: Bevor der TacTile Reader genutzt werden kann, ist es notwendig, ihn aufzuladen. Der Ladevorgang kann dabei bis zu 10 Stunden dauern in Abhängigkeit vom Ladezustand des Akkus. Um den Reader zu laden, wird dieser über das beiliegende USB-Kabel mit einer Stromquelle verbunden. Die Status-LED leuchtet rot, wenn das Gerät geladen wird. Wenn der Akku vollständig geladen ist, leuchtet die Status-LED grün. Sollte ein Ladevorgang notwendig sein, leuchtet die Status-LED rot. Wichtig: Der Akku des Blue-Bot TacTile Readers sollte immer voll geladen sein, wenn er für längere Zeit eingelagert wird. Es wird empfohlen, ihn alle sechs Monate neu aufzuladen.

TacTile Reader mit Blue-Bot verbinden: Einschalten des TacTile Readers und des Blue-Bots, die miteinander verbunden werden sollen. Drücken des Knopfs „Verbinden" auf dem TacTile Reader, dieser wird automatisch den Blue-Bot finden und sich mit ihm verbinden. Sobald der Blue-Bot mit dem TacTile Reader verbunden ist, leuchtet die Status-LED blau. Sollte die Verbindung zwischen Blue-Bot und TacTile Reader verloren gehen, erlischt die blaue Status-LED. In dem Fall muss überprüft werden, ob der Abstand von TacTile Reader und Blue-Bot weniger als 10 m beträgt und beides erneut miteinander verbunden werden muss.

Ein Programm entwickeln

Der TacTile Reader hat 10 Flächen, um einzelne Fliesen abzulegen. Ein Programm wird entwickelt, indem die Richtungsfliesen in der gewünschten Reihenfolge

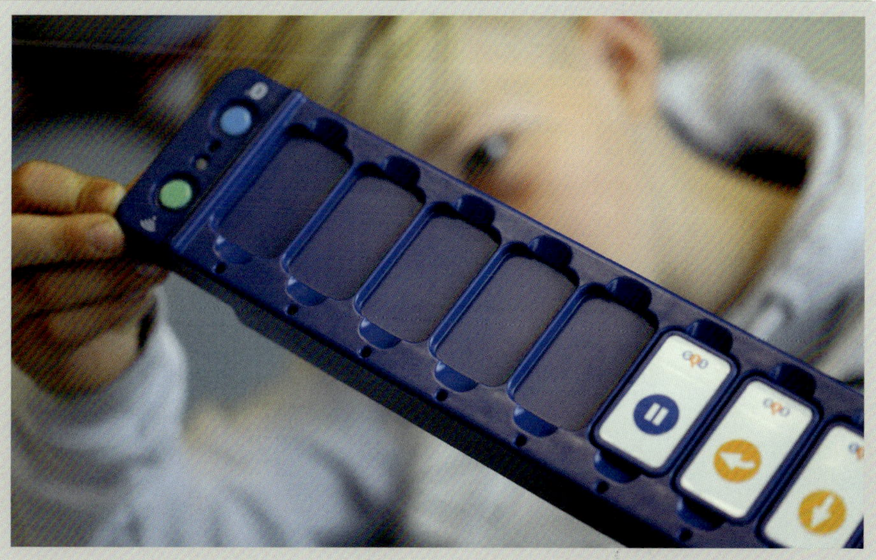

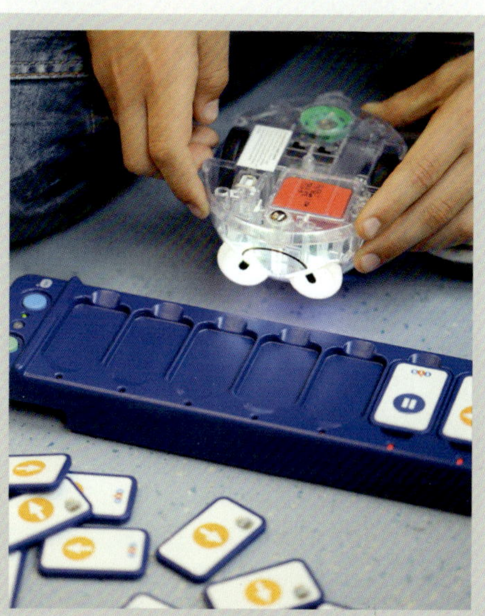

auf dem TacTile Reader angeordnet werden. Eine rote LED leuchtet über jeder Fliese auf, um zu zeigen, dass der TacTile Reader diese erkannt hat. Wenn das Programm vollständig ist, wird „Senden" gedrückt und der Programmcode wird zum Blue-Bot übermittelt. Um den Ablauf des Programms zu verfolgen, leuchtet während der Durchführung eine LED über der Fliese auf, welche gerade für die Bewegung des Blue-Bots verantwortlich ist. Wenn das Programm vollständig durchlaufen wurde, kann es überarbeitet oder korrigiert werden, indem Fliesen ausgetauscht werden.

Status-LED:
Grün: Gerät ist eingeschaltet
Blinkendes Blau: TacTile Reader und Blue-Bot werden verbunden
Blau: TacTile Reader und Blue-Bot sind verbunden
Blinkendes Rot: Akkustand niedrig

Wenn der TacTile Reader ausgeschaltet ist:
Rot: Akku wird geladen
Grün: Akku vollständig geladen

Der Blue-Bot ermöglicht eine einfache Bedienung, die bei den Kindern keine Lesekompetenz voraussetzt und ermöglicht einen Einsatz bereits ab der Elementarstufe. Das EVA-Prinzip (als Eingabe-Verarbeitungs-Ausgabe) wird unmittelbar sichtbar gemacht. Ein Beispiel: Dreimal den Pfeil nach vorne gedrückt – Go gedrückt – der Blue-Bot fährt dreimal 15 cm nach vorne. Es könnte auch der Bee-Bot zum Einsatz kommen. Er lässt sich genauso über Pfeiltasten steuern wie der Blue-Bot, verfügt allerdings über keine Bluetooth-Funktion.

Bei der Steuerung des Blue-Bots beispielsweise über ein Spielfeld, um von Ort A ohne Umwege zu Ort B zu gelangen, können Kinder bildhaft das Umsetzen von grundlegenden Befehlen und Bewegungsabläufen nachvollziehen. Diese entsprechen bereits der grundlegenden Logik von Algorithmen beim Programmieren. Der Roboter bietet eine niedrige Einstiegsschwelle und wird aus diesem Grund bereits in Kindergärten verwendet. Er wird eingesetzt, da er eine haptische Programmiertätigkeit erlaubt und so den beschriebenen niederschwelligen Einstieg für die Unterrichtsreihe bietet. Zudem ist sein Gehäuse transparent, sodass Schüler:innen Hardware-Bestandteile wie Platinen und Schaltkreise, den Motor und den Akku erkennen können. Er verfügt über zwei Räder an der Seite und eine bewegliche Kugel an der Vorderseite. Da die Räder nicht seitlich drehbar sind, wird der Fahrtrichtungswechsel nach rechts oder links erreicht, indem sich ein Rad nach vorne und ein Rad nach hinten dreht.

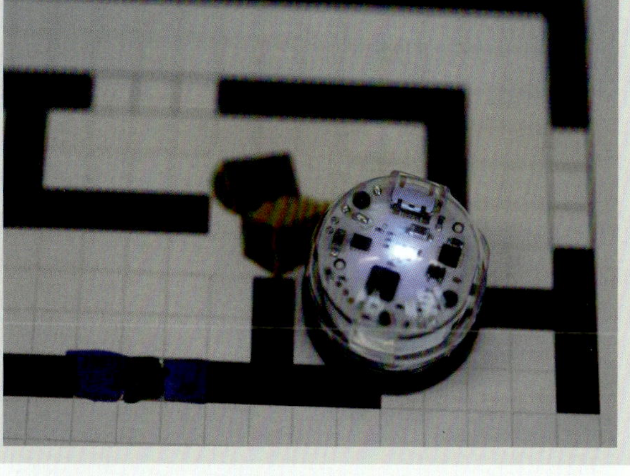

Ein Exkurs: Der Ozobot

Der „Ozobot“ ist ein kleiner Roboter, der in zwei Versionen erhältlich ist. Er wird hier erwähnt, da er oft in Schulen zum Einsatz kommt.

Eine Verknüpfung dieses Roboters mit handwerklich-praktischen Anteilen aus dem Buch „Holz erleben – Technik verstehen“ erscheint für einen problemorientierten Sachunterricht nicht zielführend. Soll es jedoch darum gehen, einen Weg zu programmieren, der bestimmten Kriterien genügen soll, bietet der Ozobot eine weitere Möglichkeit der Steuerung, da er über Farbcodes programmiert wird.

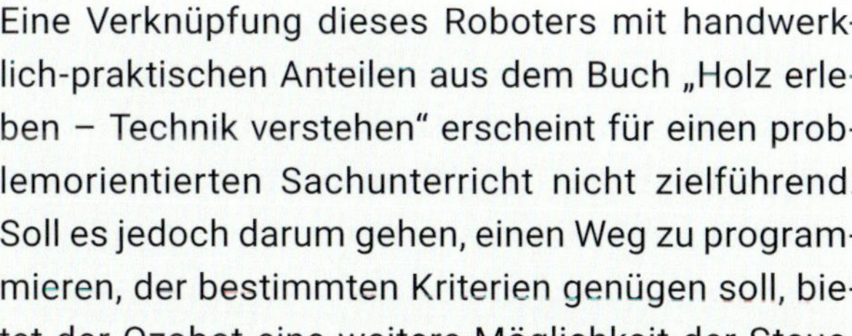

Er wurde entwickelt, um Kindern beim Erlernen der Robotik und Programmierungen zu helfen. Der „Ozobot-Bit“ bietet verschiedene Funktionen und integrierte Elektronik. So kommen bei der Benutzung des „Ozobots“ Infrarot-Sensoren, optische Sensoren, LEDs und Lautsprecher zum Einsatz.

Die Infrarot-Sensoren fungieren als Näherungssensoren für das Erkennen von Hindernissen. Die opti-

schen Sensoren ermöglichen es dem „Ozobot“, verschiedenfarbigen Linien zu folgen (vgl. www.ozobot-deutschland.de Abschnitt „Erklärung“, zuletzt abgerufen am 14.02.2024). Der Ozobot wird mithilfe schwarzer Linien gesteuert und kann durch Farbcodes programmiert werden. Er erkennt die schwarzen Linien und Farbcodes mithilfe seiner Sensoren, die an der Unterseite befestigt sind. In einer Unterrichtsreihe kann dieser Lernroboter den Schüler:innen vorgestellt werden, um unterschiedliche Möglichkeiten aufzuzeigen, wie Roboter programmiert werden können. Gemeinsamkeiten und Unterschiede zum Blue-Bot lassen sich so im Klassenverband diskutieren. Im Unterricht könnte den Kindern die Möglichkeit geboten werden, sich in Einzel- oder Partnerarbeit intensiv mit der Funktionsweise des Roboters auseinanderzusetzen und sich in Freiarbeit nach vorbereiteten Arbeitsblättern kreativ selbst auszuprobieren.

3. Scottie Go!

Als weiteres Tool eignet sich das Lernspiel „Scottie Go!“. Dieses Spiel soll Schüler:innen das Programmieren anhand einer App und passendem Brettspiel näherbringen. Das Brettspiel beinhaltet Pappkärtchen, auf denen einzelne Befehle notiert sind.

Werden diese aneinandergereiht, entstehen vollständige Algorithmen, die unter Einsatz des Tablets eingescannt und dann von der App ausgeführt werden können. Haptisches Legen einer Programmfolge wird so mit einer Umsetzung in einem digitalen Endgerät verknüpft und stellt damit eine sinnvolle Weiterführung der Programmierung des Blue-Bots dar. Während die Programmierung beim Blue-Bot beschränkt war auf Sequenzen, wird es bei Scottie Go! möglich, Schleifen einzusetzen.
Die App beinhaltet eine Geschichte über einen Roboter. Dieser landet auf der Erde und benötigt Hilfe, um Ersatzteile für sein Raumschiff zu suchen, um dieses wieder flugfähig zu machen. Die Kinder müssen in jedem Level mithilfe der Pappkärtchen eine Programmfolge legen und so unterschiedliche Probleme für den Roboter lösen. Wird die richtige Lösung gefunden, bewegen sich der Roboter und weitere Spielfiguren digital auf dem Tablet. Dabei führt der Roboter die Befehle einzeln aus, sodass Kinder etwaige Fehler in ihrer Programmierung erkennen können. In zehn Modulen der Bildungsversion wartet auf die Schüler:innen eine Reihe von Aufgaben mit steigendem Schwierigkeitsgrad. Gruppen von zwei bis vier Kindern können kooperativ und zugleich produktiv zusammenarbeiten. Das Lernspiel hat sich bei Erprobungen als geeignet erwiesen, da es eine weitere Form des Programmierens beleuchtet und ein logischer Schritt Richtung herkömmlichen Programmierens ist. Die Befehle auf den Pappkärtchen ähneln einer blockbasierten Programmiersprache und sollen spielerisch zu der Programmiersprache des Calliope mini hinführen.

4. Calliope mini

Calliope mini ist ein Mikrocontroller bzw. ein Kleinstcomputer mit einer Platine, der zur schulischen Ausbildung von Kindern ab der dritten Klasse genutzt wird, um einen Einstieg in das algorithmische Denken und Programmieren zu ermöglichen. Eine Anleitung und Lernbegleitung durch einen Erwachsenen ist sinnvoll. Mit Calliope mini können programmgesteuerte Geräte hergestellt werden, die vom einfachen Blinker bis zum selbstfahrenden Roboter reichen.

Beim Öffnen der Box findet man folgendes Zubehör:

- Calliope mini (Mikrocontroller)
- Batteriehalter mit Batterien
- USB-Kabel
- Gummiband
- Aufkleber
- Booklet

Inhalt der Box des Calliope mini

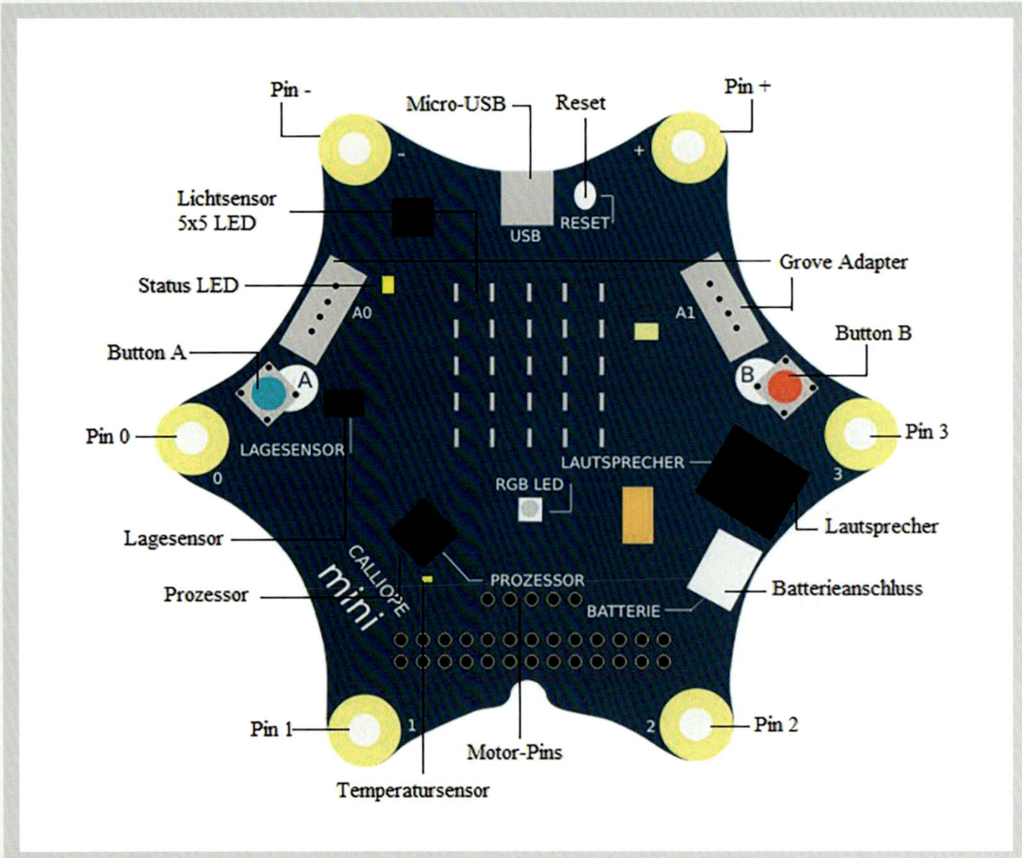

Calliope mini V2

Um Calliope mini nutzen zu können, wird eine Programmierumgebung benötigt, in der die Befehle eingegeben werden können. Dazu kann der PC, das iPad oder das Smartphone verwendet werden. Der Calliope mini verfügt über 25 rote LEDs und eine RGB-LED, mit der beliebige Farben erzeugt werden können, sowie einen Lautsprecher, einen USB-Anschluss, zwei programmierbare Knöpfe und einen kombinierbaren Lage- und Bewegungssensor. Außerdem enthält er sechs Kontaktpunkte, mit denen er mit einem Stromkreis oder weiteren Aktoren verbunden werden kann. Über zwei Motor-Pins lassen sich zusätzlich kleine Motoren anbauen (vgl. https://calliope.cc/media/pages/los-geht-s/einfuehrung/ 1cb8f-6d6c8-1581542438/calliopemini_poster_hardware.pdf, zuletzt abgerufen am 12.02.24).

Aufbau des Calliope mini

Der Calliope mini enthält alle nötigen Bauteile eines Computers: Daten können über die Sensoren, Tasten und Pins eingegeben werden. Die Sensoren können beispielsweise Helligkeit, Lautstärke, Beschleunigung und Magnetfelder messen.

Im Mikrocontroller werden die Daten nach der Vorgabe eines Programms verarbeitet. Das Programm wird in einem Flash-Speicher abgelegt, damit es auch nach Abschalten der Spannungsversorgung nicht gelöscht wird.

Die Ausgabe von Daten kann über die 5x5-LED-Matrix, den Lautsprecher oder die RGB-LED erfolgen.

Durch viele offene Anschlüsse kann der Calliope mini um verschiedene Sensoren oder Aktoren erweitert werden. So können Produkte mit Grove-Anschlüssen genutzt werden. An den vier Pins P0 bis P3 kann der Calliope mini elektrische Spannungen im Bereich 0 bis 3 Volt messen. Darüber hinaus verfügt der Calliope mini über ein Funkmodul, das Nachrichten von anderen Calliope minis empfangen oder dorthin versenden kann.

Programmierung des Calliope mini

Mithilfe eines Bluetooth-Moduls kann der Calliope mini mit weiteren Geräten und anderen Calliope minis in Verbindung treten. Für die Programmierung werden Programmierumgebungen, sogenannte Editoren, verwendet. Diese sind als „Open Source Produkte" frei verfügbar und können auf dem Computer, Tablet oder Smartphone online aufgerufen oder installiert werden. In dem durchgeführten Unterricht wurde der Editor „Open Roberta Lab" verwendet. Mit dieser Oberfläche können mithilfe vorgefertigter Befehle verschiedene Algorithmen im Baukastenprinzip per „drag and drop" zusammengefügt werden (vgl. https://lab.open-roberta.org, zuletzt abgerufen am 14.02.24). Ein erstelltes Programm wird im Anschluss per Bluetooth oder USB-Kabel auf den Calliope mini übertragen. Dieser wiederum führt dieses Programm nach einem Neustart sofort aus. Dabei kann der Calliope mini beispielsweise Nachrichten übermitteln, Symbole anzeigen oder als Messstation dienen. Durch immer wieder neue Ideen lässt sich der Calliope mini vielfältig und kreativ einsetzen. Die Calliope GmbH hat sich als Ziel gesetzt, technische Bildung für alle erreichbarer zu machen und stellt aus diesem Grund offene Projekte für jeden online zur Verfügung (vgl. https://calliope.cc/los-geht-s/einfuehrung, zuletzt abgerufen am 14.02.24). Zahlreiche Schulmaterialien sind als „Open Educational Ressources" frei lizenziert zugänglich. Der Calliope mini kann mit verschiedenen externen Sensoren über die „Grove-Konnektoren" oder andere Hardware verbunden und erweitert werden.

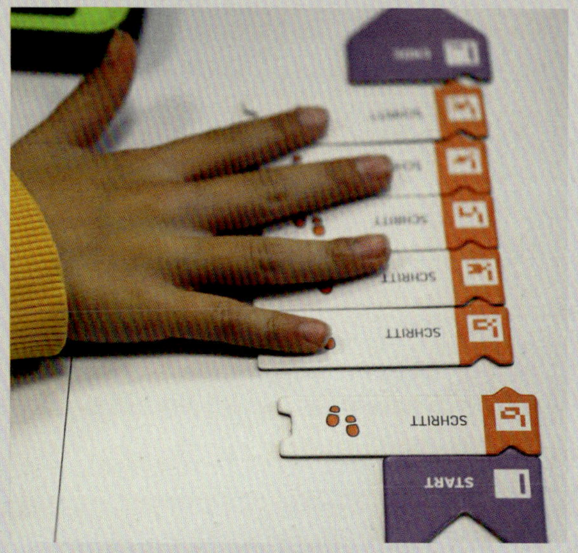
SCHRITT
SCHRITT
SCHRITT
SCHRITT
SCHRITT
START

Vorbereitende Unterrichtsideen zum technisch-praktischen Lernen

Analoges und digitales Problemlösen: „Jetzt kann ich auch programmieren!“

Vorbereitende Unterrichtsideen zum technisch-praktischen Lernen

Mareike Bohrmann und Claudia Tenberge

Kinder lösen Problemstellungen zur Durchquerung verschiedener Labyrinthe oder zur Bewältigung von Aufgaben unter Verwendung verschiedener Programmiersprachen und Roboter(-systeme).
Das Lösen von Problemstellungen kann ab der ersten Klassenstufe unplugged (ohne Lernroboter) und mit dem Einsatz von Lernrobotern im Sachunterricht der Grundschule erfolgen. Die Kinder durchlaufen dabei unter anderem wichtige Schritte eines technischen Problemlöseprozesses wie Planen / Entwerfen, Konstruieren / Bauen, Erproben / Testen, Montieren / Demontieren, Bewerten und Verbessern / Optimieren. Die folgenden Unterrichtsideen zeigen, dass Kinder dabei vielfältige technische Grunderfahrungen machen, die für die Problemlösung auch Lernroboter und den Mikrocontroller Calliope mini sowie die entsprechende Programmierung einbeziehen.

Ziele des Unterrichts

1. **Befähigung zum selbstständigen Problemlösen:** erkennen, nachvollziehen und reflektieren **algorithmischer Muster** und Strukturen, z. B. mithilfe eines Lernspiels zum Programmieren
2. **Entwicklung der Bereitschaft,** sich auf Probleme, deren Lösung und Bewertung beim Programmieren z. B. eines Lernroboters einzulassen
3. **Entwicklung von Problemlösefähigkeiten/Strategien:** Lösungen erkennen und formalisiert beschreiben, Lösungsstrategien entwerfen und dazu eine strukturierte, algorithmische Sequenz planen, programmieren, sie umsetzen und bewerten, z. B. mithilfe einer einfachen Programmiersprache am Laptop/Tablet PC oder verschiedener Lernroboter
4. **Entwicklung einer kritischen Haltung:** Einflüsse von Algorithmen und die Auswirkung der Automatisierung von Prozessen in der digitalen Welt reflektieren

Aufbau der Einheit

Die Kinder bearbeiten in verschiedenen Kontexten und Lernumgebungen Problemstellungen einer Durchquerung verschiedener Labyrinthe durch Programmierung. Dabei verwenden sie verschiedene Programmiersprachen und Roboter(-systeme). Der Lernroboter Blue-Bot und das Lernspiel Scottie Go! kommen dabei zum Einsatz. Wichtig ist, vor Unterrichtsbeginn die Vorerfahrungen und Vorkenntnisse der Schüler:innen über Roboter und ihre Funktionsweise sowie ihre Vorstellungen zum Programmieren zu aktivieren, beispielsweise mit Zeichnungen und/oder im Klassengespräch.

Die Auswahl des Unterrichtsmaterials orientiert sich daran, dass die entsprechenden digitalen Tools für eine Verbindung mit handwerklich-praktischem Tun geeignet scheinen. Es empfiehlt sich, vor dem Einsatz des Mikrocontrollers Calliope mini eine Einheit zum analogen und digitalen Problemlösen vorzuschalten.

- Analoges Programmieren mit dem Human Robot: Hier wird ein Kind durch Anweisungen eines anderen Kindes durch ein Labyrinth geleitet. Die Kinder erkennen, wie wichtig eindeutige Befehle sind.
- Mit dem Lernroboter Blue-Bot Probleme lösen: Die Kinder programmieren den Blue-Bot mit den Pfeiltasten, um auf einem Spielfeld einen günstigen Weg zu absolvieren, um z. B. schnell von Feld A zu Feld B zu gelangen und unterwegs Feld C zu befahren.
- Das gleiche nur anders: Hier erleben die Kinder mit dem Lernspiel Scottie Go!, dass eine Befehlskette aufgeschrieben werden kann. Obwohl die Symbole anders aussehen, führen sie zu bereits bekannten Effekten: Der Roboter führt die aufgeschriebenen Befehle aus.

Die Kinder erwerben im Unterricht grundlegende Kenntnisse zum EVA-Prinzip und zur Anwendung von Schleifen. Nach der händischen Programmierung via Pfeiltasten wird eine blockbasierte Programmierung kennengelernt und erprobt. In Bezug auf die Anwendung von Fachsprache könnte sich der Begriff Algorithmus als sperrig und unverständlich erweisen, stattdessen eignet sich das Wort Befehlsfolge. Diese Befehlsfolge hat einen Beginn und ein definiertes Ende. Die zunehmende Abstraktion vom „Human robot" (ein Mensch, der durch verbale oder schriftliche Anweisung eines anderen Menschen z. B. durch ein Labyrinth gesteuert wird) über den haptisch über Tasten zu lenkenden Blue-Bot bis hin zur Kombination aus analogem Material mit digitalem Endgerät fördert ein Begreifen der grundlegenden Prinzipien, die sich bei allen Beispielen wiederfinden lassen, beispielsweise die Eindeutigkeit der Befehle in einer endlichen Abfolge. Bei der Bearbeitung der gewählten Beispiele wird zugleich das räumliche Vorstellungsvermögen der Kinder geschult, da zur Lösung der Probleme die Raum-Lage-Beziehung erkannt werden und ein Transfer von der eigenen Bewegung in die Programmierung erfolgen muss.

Sequenz 1:
Analoges Programmieren mit dem Human Robot

Mareike Bohrmann und Claudia Tenberge

Zeitrahmen:
Umfang ca. eine Doppelstunde

Vorgeschlagene Klassenstufe:
ab Ende Klasse 1

Kinder beschreiben einen Weg durch ein Labyrinth

Das Antizipieren eines Weges durch ein Labyrinth und das Erstellen einer entsprechenden Befehlsfolge kann bei diesem Beispiel bereits ab der ersten Klasse erprobt werden. Die Kinder erfahren die Wichtigkeit einer eindeutigen Anweisung, damit ein Ziel erreicht werden kann. Diese Anweisungen können verbal oder auch symbolisch, beispielsweise mit Pfeilen oder in Schriftsprache erfolgen.

Ziel der Unterrichtssequenz

Die Kinder lernen, dass

- Algorithmen im Alltag vorkommen, wie das tägliche Zähneputzen,
- ein Algorithmus (oder auch ein Lösungsverfahren) eine Handlungsvorschrift zur Lösung eines Problems in endlich vielen Schritten ist,
- diese Verarbeitungsvorschrift aus einer endlichen Folge von eindeutig ausführbaren Anweisungen besteht, welche bei gleichen Voraussetzungen immer gleiche Ergebnisse liefert.

Außerdem lernen sie

- die Bedeutung der Eindeutigkeit von Befehlen zu erfassen, zu berücksichtigen und umzusetzen sowie
- dieses Wissen auf Roboter zu übertragen.

Kurzbeschreibung der Sequenz

Ausgangspunkt ist der morgendliche Sitzkreis, in dem die Kinder von ihren gestrigen Erlebnissen berichten. Vielleicht ist auch eine der folgenden Situationen dabei: Ein Kind hat nach einem Rezept einen Kuchen gebacken oder einer Gebrauchsanweisung folgend eine Küchenmaschine benutzt oder sich mit dem Routenplaner eines Handys den Weg in einer unbekannten Stadt angeben lassen.
Eines dieser Beispiele wird aufgegriffen, um das Folgen von Anweisungen zu thematisieren. Die Lehrperson bittet ein Kind, genaue Anweisungen zu geben, um beispielsweise fiktional die Zähne zu putzen. Schnell wird deutlich, dass die Formulierung „Nimm die Bürste in die Hand" nicht eindeutig ist, wenn die Lehrperson die Zahnbürste am Bürstenteil greift. Die

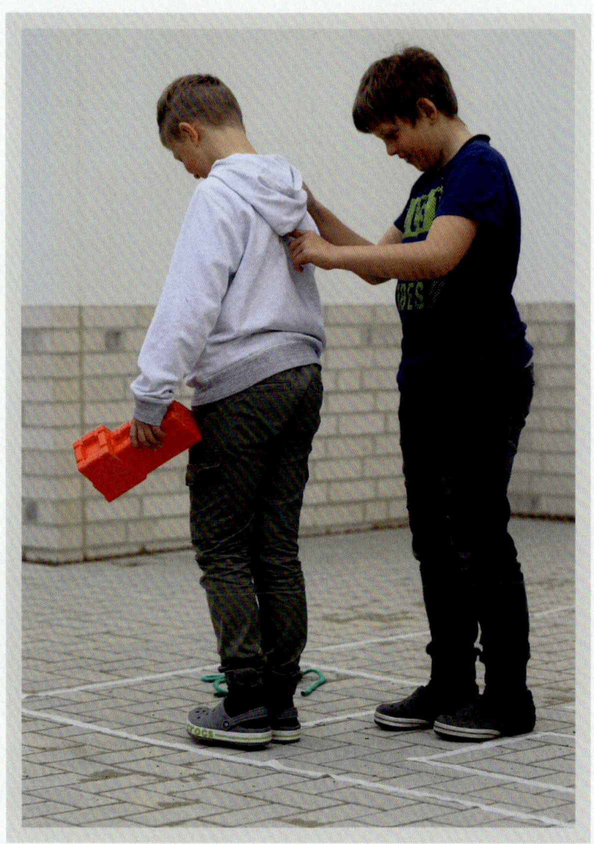

Rolle der/des Anweisenden und der/des Umsetzenden werden getauscht.
In der Anwendungsphase gehen die Kinder nach draußen. Hier hat die Lehrperson mit Malerkrepp ein Labyrinth auf dem Schulhof markiert. In Sackgassen findet sich abgelegtes Spielzeug. Ein Kind übernimmt die Rolle der/des Befehlsgebenden, also der/des Programmierenden und ein weiteres Kind die Rolle des „Human Robots“. Es stellt sich die Frage, welche Anweisungen/Befehle dem Human Robot gegeben werden müssen, damit er den Weg durch das Labyrinth findet. Dabei können Sprache, Symbole oder „Tastsensoren (aufgelegte Hände)“ zum Einsatz kommen. Wichtig sind dabei zwei Dinge: Der Human Robot sollte das Ziel des Weges vorher nicht kennen – wir Menschen neigen dazu, dann intuitiv Hindernissen auszuweichen oder Befehle vorwegzunehmen. Zum zweiten empfiehlt es sich, die Anweisungen im Vorfeld festzulegen und nicht mehr spontan zu ändern.
Die Mitschüler:innen beobachten. Sie werden feststellen, dass eine Angabe wie „Gehe drei Schritte“ nicht eindeutig ist, denn je nach Schrittlänge kann das mal weit, mal weniger weit sein. Genauso unklar ist die Anweisung „Drehe nach rechts“, da man in Abhängigkeit von der Perspektive – insbesondere, wenn sich Kind und Human Robot gegenüberstehen – , spiegelverkehrt denken müsste. Gemeinsam wird überlegt, welche Problemstellungen für den Human Robot geeignet sein könnten und wie exakte Befehle formuliert werden können.
Im Anschluss erproben die Kinder das Programmieren eines Human Robots in Partnerarbeit. Die Rollen werden nach einer gewissen Zeit getauscht. Dabei

können die Kinder auch weitere Aufgaben entwickeln und eine Programmierung erproben, wie z. B. das Anziehen einer Jacke, einen bestimmten Weg auf dem Schulhof oder in einem gebauten Labyrinth in der Turnhalle zurückzulegen usw.
In der Reflexion berichten die Kinder von ihren Erfahrungen, von Problemen und deren Lösungen. Zusammenfassend kann festgestellt werden, wie der Roboter seinen Weg findet:

- Damit der „Human Robot" oder der Blue-Bot seinen Weg aus dem Labyrinth findet oder einen Hindernisparcours überwinden kann, benötigt er eine eindeutig ausführbare Folge von Anweisungen.
- Dies bezeichnet man auch als Algorithmus.
- Ein Algorithmus (auch Lösungsverfahren) ist eine Handlungsvorschrift zur Lösung eines Problems in endlich vielen Schritten.
- Diese Verarbeitungsvorschrift besteht aus einer endlichen Folge von eindeutig ausführbaren Anweisungen, welche bei gleichen Voraussetzungen immer gleiche Ergebnisse liefert.

Wo finden sich weitere Beispiele im Alltag, in denen Algorithmen Aufgaben übernehmen? Mit einem Transfer der Erkenntnisse auf z. B. die Berechnung des kürzesten Weges bei Google Maps bzw. in Navigationssystemen, das Überprüfen des Satzbaus in Schreibprogrammen (z. B. MS Word) oder der Steuerung eines Computergegners bei Spielen (z. B. beim Schach, bei Strategiespielen) schließt diese Sequenz ab.

Organisatorische Hinweise

Das Labyrinth kann im Klassenraum durch Umstellen der Tische erstellt werden, bietet dann aber kaum Raum und Bewegungsfreiheit für Kinder einer ganzen Klasse. Geeignete Alternativen stellen die Turnhalle, Aula oder der Schulhof dar. Mit Springseilchen (drinnen) und mit Kreide oder Malerkreppband (draußen) kann die Lehrperson ein Labyrinth vorbereiten.
Alternativ können die Kinder nach ersten Erprobungen auch an der Gestaltung verschiedener Labyrinthe oder eines Laufparcours beteiligt werden.
Mithilfe von Karteikarten können die Kinder symbolisch einen möglichen Weg darstellen; bewährt haben sich hier Pfeile, die in der Regel intuitiv von den Kindern erfasst werden.
Bei Drehungen im Raum führt eine Anweisung „drehe nach rechts" unter Umständen zu einer Kreisbewegung. Wenn die Kinder noch keine Winkelangaben, z. B. 90 Grad kennen, könnte mit Kuchenstück-Abbildungen agiert werden.

Weiterführende Hinweise

- Armin Ruch: Regula: erste Schritte ins Programmieren. Grundlagen der Informationstechnik spielerisch lehren und lernen. Grundschulzeitschrift 307/2018.
  Auch Lehrkräfte, die noch wenig Fachwissen über Informationstechnologie besitzen oder die keinen Zugang zu einer IT-Ausstattung haben, können Kindern den Zugang zum Thema eröffnen. Beim Spielen von Regula eignen sie sich – ohne digitale Geräte – erste Grundlagen des Programmierens an.
- Film „Exact Instructions Challenge": *Lehrreicher und unterhaltsamer Film zur Veranschaulichung, wie wichtig eine genaue Anweisung ist (zuletzt abgerufen am 14.02.2024):*
  https://youtu.be/cDA3_5982h8

Sequenz 2:
Mit dem Blue-Bot Probleme lösen

Mareike Bohrmann und Claudia Tenberge, Arbeitsblätter:
Mareike Bohrmann, Franz Schröer und Claudia Tenberge

Zeitrahmen:
Umfang ca. zwei Doppelstunden

Vorgeschlagene Klassenstufe:
ab Ende Klasse 1

Kinder arbeiten mit dem Lernroboter Blue-Bot und lernen so eine Möglichkeit zur Programmierung kennen

„Was ist das denn?“, „Kann das fahren?“ oder „Wie funktioniert das?“, sind erste Fragen, die die Kinder stellen, wenn sie das erste Mal einen Blue-Bot sehen. Schnell haben sie herausgefunden, wie er eingeschaltet und über die Pfeiltasten gesteuert wird.

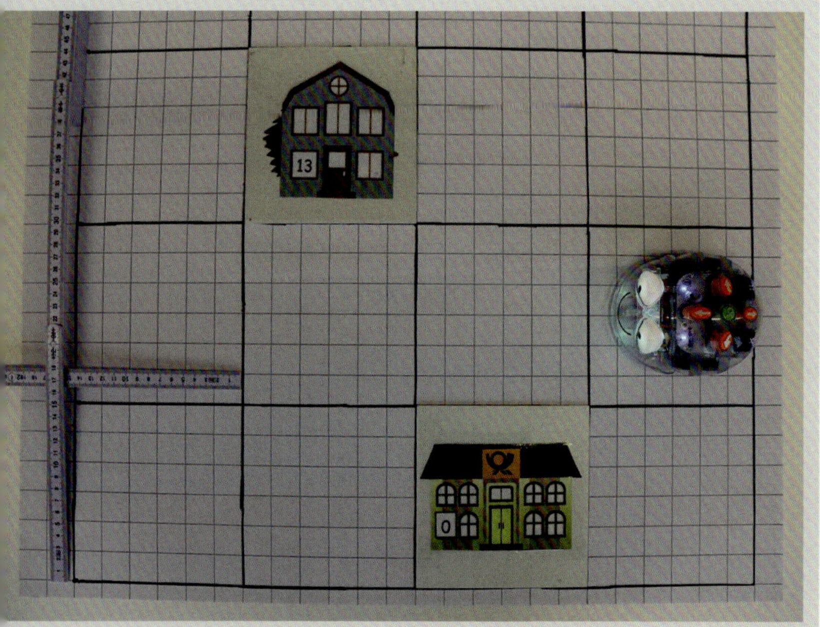

Ziel der Unterrichtssequenz

Die Kinder sollen Problemstellungen zur kriteriengeleiteten Durchquerung verschiedener Labyrinthe lösen, indem sie eine zielführende Befehlsfolge für den Blue-Bot entwickeln, dokumentieren, erproben, bewerten und bei Bedarf optimieren. Neben ersten Programmierungstätigkeiten ermöglicht der Einsatz dieses Roboters außerdem die Förderung von Problemlösekompetenzen und räumlichem Vorstellungsvermögen.

Kurzbeschreibung der Sequenz

Zum Einstieg wird den Kindern im Kreis ein Blue-Bot präsentiert. Die Kinder stellen Vermutungen an, was das für ein Gerät ist und was man damit machen kann. Sie stellen einen Bezug zum Human Robot her und es ergibt sich die Frage, woher der Blue-Bot weiß, dass er etwas machen soll. Schnell haben die Kinder die Pfeiltasten erfasst und erkennen, dass der Lernroboter darüber gesteuert werden kann. Die Funktion der Pause- und Resettaste erschließt sich nicht intuitiv. Hier helfen Hinweise durch die Lehrkraft. Hilfreich ist ebenso der Hinweis, dass die Fahrstrecke pro Tastendruck vor- oder rückwärts immer 15 cm beträgt und dass der Blue-Bot sich immer um 90 Grad nach rechts oder links dreht.
Als erste Problemstellung präsentiert die Lehrperson ein gestaltetes Feld mit eingezeichneten Kacheln (15 x 15 cm). Bewährt haben sich hier karierte Flipchart-Bögen. Beispielsweise können einige Felder mit einer Insel, mit einem Wal, mit einem Seeräuber und mit einem Schatz gestaltet sein. Eingebettet in eine Geschichte soll nun der Blue-Bot als Schiffsjunge beim Kapitän starten und auf schnellstem Weg zum Schatz fahren und ihn holen. In einer handelnden und kreativen Auseinandersetzung mit

dem Lernroboter zur Bewältigung dieser Problemstellung antizipieren die Kinder einen Weg. Ein Kind führt die Programmierung durch und drückt auf „GO". Zunächst scheint alles zu klappen, aber einmal ging es doch zu weit geradeaus. Also wird die alte Befehlsfolge gelöscht und eine neue eingegeben. Die Kinder wenden dabei unterschiedliche Strategien an.
Bevor die Kinder in die Kleingruppenarbeit gehen, werden die Regeln zum Umgang mit dem Blue-Bot festgelegt:

- Wir gehen vorsichtig mit dem Blue Bot um.
- Wenn der Blue-Bot fährt, lassen wir ihn den Weg zu Ende fahren.
- Wir achten darauf, dass der Blue-Bot nicht vom Tisch fällt.

In der folgenden Gruppenarbeit denken sich die Kinder zunächst eine eigene Geschichte aus und gestalten das Kachelfeld entsprechend. Die Aufgabe der Kinder ist es, im Vorhinein zu überlegen, welche Befehle in welcher Reihenfolge nötig sind, um den Roboter wie gewünscht zu steuern. Dabei sind nahezu unendliche Variationen möglich. So könnte die Funktion des Blue-Bots limitiert sein, sodass er sich z. B. nicht mehr nach rechts drehen kann. Die Kinder erproben die Aufgabenstellungen, entwickeln eigene, gestalten den karierten Flipchartbogen, erproben Aufgaben anderer Kinder, schreiben Befehlsfolgen mit Worten oder mit Pfeilen auf, erkennen Fehler in der Programmierung und verbessern diese.
Arbeitsblätter stellen Aufgabenformate dar und können zur freien Gestaltung genutzt werden.
In der abschließenden Reflexionsphase werden zunächst die Ergebnisse präsentiert, dann wird der Lernprozess reflektiert.
Zahlreiche Erprobungen mit dem Lernroboter Blue-Bot haben gezeigt, dass dieser ab der Jahrgangsstufe 1 eingesetzt werden kann und auch für vierte Klassen immer noch ein anregendes Lernmittel darstellt.

Material

- 12 karierte Flipchartbögen (vorgezeichnete Kästchen mit einer Kantenlänge von 15 cm erleichtern die Arbeit der Kinder)
- Für Tandems oder Trios je einen Blue-Bot; Gruppen mit einer Größe von bis zu vier Kindern können noch mit einem Blue-Bot arbeiten
- Ladestationen für die Blue-Bots
- Stifte und Papier für Notizen
- Ggf. Arbeitsblätter

Möglicher Verlaufsplan (erprobt durch Masteranden Laurenz Langer)

Zeit und Sozial-/ Arbeitsform	Lehrkraft – Schülerinnen und Schüler	Material und Medien
5 Min./Plenum	Begrüßung der Schülerinnen und Schüler	
20 Min./ Kinositz	**Einstieg** • Kinder finden sich im Kinositz ein • Algorithmus/Befehlsfolge im Alltag kennenlernen anhand verschiedener Beispiele • Algorithmus/Befehlsfolgen verdeutlichen • Klärung/Diskussion der Fragestellung: – Wofür brauchen wir Befehlsfolgen im Alltag? – Woher weiß der Computer/das Tablet, dass er/es angehen soll? Wir geben einen Befehl (= Knopf drücken) → Programmieren • Überleitung zum Blue-Bot: „Befehle gibt es nicht nur bei uns Menschen, sondern auch Maschinen reagieren auf Befehle und können so gesteuert werden, wie ihr z.B. beim Tablet eben sehen konntet. Ich habe euch heute jemanden mitgebracht, der auch Befehle umsetzt. Das ist ein Blue-Bot." • Blue-Bot vorführen, inklusive einer Erläuterung des Arbeitsblattes und der Kachelkästchen-Karte • Regeln festlegen für den Umgang mit Blue-Bot: – Wir gehen sorgsam mit dem Blue-Bot um. – Der Blue-Bot fährt nur im Rahmen. – Wenn der Blue-Bot fährt, lassen wir ihn in Ruhe, bis er wieder steht. – Innerhalb des Rahmens liegen nur Kacheln und der Blue-Bot.	• Blue-Bot • Arbeitsblatt • Kachelkästchen-Karte/Flipchart-bogen
50 Min./ Gruppenarbeit	**Arbeitsphase** • Gruppeneinteilung der Kinder in Kleingruppen • Verteilung des Arbeitsmaterials • Arbeitsauftrag: „Denkt euch eine Geschichte für den Blue-Bot aus. Bedenkt dabei, dass er höchstens zwei Schritte geradeaus und keinen Schritt rückwärtsfahren darf. Notiert die Befehlsfolge und die Geschichte eurer Gruppe auf dem Arbeitsblatt." • Kinder setzen sich handelnd mit dem Blue-Bot zur Bewältigung der Problemstellung auseinander	• Kachelkästchen-Karte/Flipchart-bogen • Blue-Bot • Stifte
15 Min./ Kinositz	**Reflexionsphase** • Gemeinsame Reflexion der Arbeitsphase (Versprachlichung der Ergebnisse, Austausch und Klärung von Fragen): – Was fandet ihr einfach? – Was ist euch schnell/gut gelungen? – Gab es Schwierigkeiten? Wo? Wie habt ihr sie gelöst? • Kurze Vorstellung der Gruppenarbeit von 1 bis 2 Gruppen	• Kachelkästchen-Karten • Blue-Bot • bearbeitete Arbeitsblätter

Sequenz 1

Name ______________________ Datum ______________________

Der Blue-Bot als Staubsaug-Wischroboter

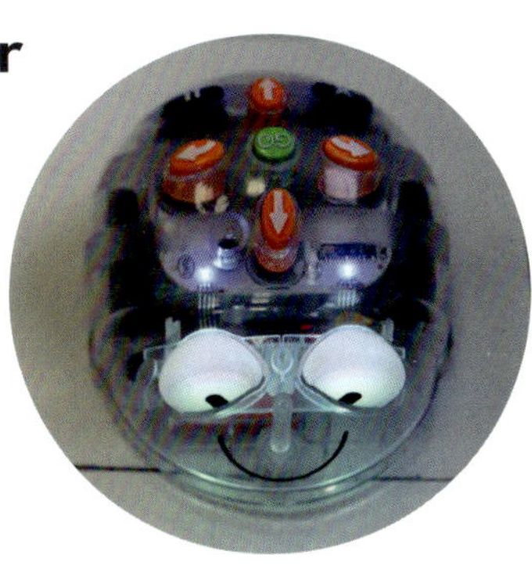

1. Der Blue-Bot soll alle Felder der Karte zuerst saugen und anschließend wischen. Beim Wischen muss er immer spätestens nach 10 gewischten Feldern den Wassertank auffüllen.

a) Wählt einen günstigen Standort für die Ladestation aus und markiert ihn auf der Karte.

b) Gestaltet eine sinnvolle Schrittfolge für das Saugen und anschließende Wischen.

Unsere Karte:

2. Schreibt auf: Was ist euch leicht gefallen? Gab es Schwierigkeiten?

Gelungenes und Schwierigkeiten:

____

____

____

____

Name ______________________ Datum ______________________

Der Blue-Bot liefert Pakete aus

1. Der Blue-Bot soll auf der Karte drei Pakete an unterschiedliche Felder ausliefern.

a) Markiert eine Paketstation und drei Häuser für die Pakete auf der Karte.

b) Welcher ist der kürzeste Weg, um alle Pakete auszuliefern? Gibt es mehrere?

2. Pakete müssen nicht immer zum gleichen Haus gebracht werden.

c) Wo wäre ein guter Platz für die Paketstation, unabhängig davon, wo die drei Häuser stehen?

3. Was ändert sich, wenn der Blue-Bot immer nur ein Paket tragen kann?

Unsere Karte:

4. Schreibt auf: Was ist euch leicht gefallen? Gab es Schwierigkeiten?

Gelungenes und Schwierigkeiten:

____

____

____

Name ______________________ Datum ______________________

Der Blue-Bot als Bus

1. Der Blue-Bot-Bus soll drei Kinder zu Hause abholen und danach zur Schule bringen. Er startet an der Bushaltestelle mit dem H.

→ *Hinweise:*

- An den Ampeln muss der Blue-Bot-Bus immer einmal Pause machen, beim Abholen der Kinder natürlich auch.
- Findet den schnellsten Weg, sodass alle drei Kinder noch pünktlich zur Schule kommen.

Unsere Karte:

					H

2. Schreibt auf: Was ist euch leicht gefallen? Gab es Schwierigkeiten?

Gelungenes und Schwierigkeiten:

____

____

____

____

Name ______________________ Datum ______________________

Der Blue-Bot als Tanzroboter

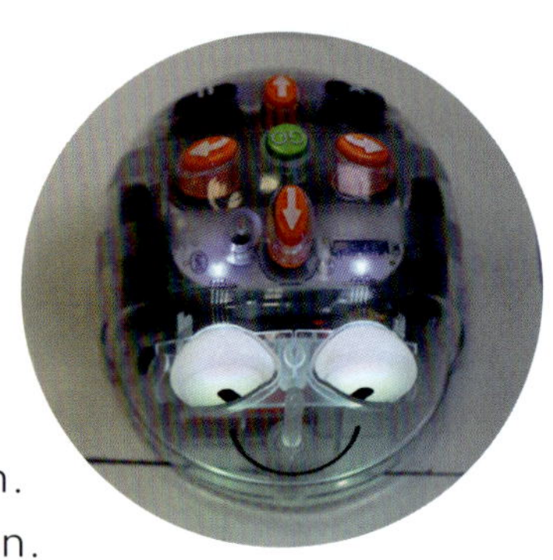

1. Nehmt euch zwei Blue-Bots und lasst sie zusammen einen Tanz aufführen.

→ *Hinweise:*

- Passt auf, dass die Blue-Bots nicht zusammenstoßen. Sie sollen sich beim Tanzen aber auch nicht verlieren.

Unsere Karte:

2. Schreibt auf: Was ist euch leicht gefallen? Gab es Schwierigkeiten?

Gelungenes und Schwierigkeiten:

____

____

____

____

Name ______________________ Datum ______________________

Der Blue-Bot als …

1. Unser Arbeitsauftrag lautet:

____

____

____

____

Unsere Karte:

2. Schreibt auf: Was ist euch leicht gefallen? Gab es Schwierigkeiten?

Gelungenes und Schwierigkeiten:

____

____

____

Sequenz optional:

Programmieren mit Scottie Go!

Mareike Bohrmann und Claudia Tenberge

Zeitrahmen:
Umfang ca. eine Doppelstunde

Vorgeschlagene Klassenstufe:
ab Klasse 3

Kinder lernen das Spiel Scottie Go! kennen

Das Spiel Scottie Go! ist eine weitere Form für eine Programmierung. Die Kinder entdecken, dass es sich hier um „Das Gleiche, nur anders“ handelt. Auch bei diesem Spiel wird eine Problemlösung gesucht. Händisch legen die Kinder mit Kärtchen eine Befehlsfolge, die von einem Tablet abfotografiert und umgesetzt wird. Die Rückmeldung über eine (nicht) erfolgreiche Lösung erfolgt in der Visualisierung auf dem Tablet. So lernen die Kinder eine blockbasierte Programmierung kennen, was eine gute Vorbereitung für den Einsatz des Calliope mini bietet.

Ziel der Unterrichtssequenz

Beim Einsatz des Lernspiels Scottie Go! erlernen die Kinder den Umgang mit dem Tablet und das Beachten entsprechender Regeln beim Bedienen des digitalen Endgeräts. Sie lernen eine andere Art der Programmierung kennen und erproben sie. Neben den Befehlen, die aus der Einheit mit dem Blue-Bot bekannt sind, nutzen die Kinder nun auch Schleifen. (Schleifen können mit einer Einstiegs- und einer Ausstiegsbedingung verknüpft sein und dienen der Wiederholung von Anweisungsfolgen.)

Kurzbeschreibung der Sequenz

Es bietet sich an, zunächst das Lernspiel im Kreis einzuführen (Spielfeld, Lege-Kärtchen mit Rahmung durch Beginn- und Ende-Karte, Tablet) und zu überprüfen, ob die Tablets startklar sind. Sollte ein Tablet nicht funktionieren, könnte beispielsweise die erforderliche Fotofunktion deaktiviert sein. Für die Bearbeitung der Problemstellungen mit dem Material bietet sich Partnerarbeit an; Gruppenarbeit mit bis zu vier Kindern ist aber auch möglich.

Im Vergleich zum Lernroboter Blue-Bot befindet sich der virtuelle Roboter Scottie Go! als Roboterfigur nicht in der realen Welt, sondern virtuell auf dem Tablet bzw. wird er in der gleichnamigen App angezeigt. Erforderlich ist das Spielfeld mit den Karten.

Es geht darum, den Roboter durch immer anspruchsvollere Parcours in der App zu steuern. Wie wird er gesteuert? Dies erfolgt über das Legen entsprechender Karten auf dem Spielfeld. Hier legen die Kinder die Spielkarten so, dass eine Befehlskette zur Absolvierung des Parcours in der App entsteht. Die Spielkarten sind mit Codeblöcken und dem dazugehörigen Befehl bedruckt.

Diese Befehlsabfolge fotografieren die Kinder mit der App ab. In der Folge setzt die Roboterfigur Scottie die entsprechenden Bewegungen in der App um. Dabei ist die Anordnung der Befehle auf dem Spiel-

Scottie Go! Spiel und Zubehör (BeCREO Technologies, o. J.)

brett frei, sodass den Kindern verschiedene und individuelle Wege bzw. Befehlsabfolgen offenstehen, um ein Level zu lösen (Wiener Bildungsserver, o. J.). Dieses interaktive Lernspiel trägt zur Förderung nicht nur analytischen und problemlösenden Denkens bei, sondern beinhaltet auch Prozesse der Arbeitsplanung und -organisation in Teams bzw. in Einzelarbeit. Neben ersten Programmierungstätigkeiten ermöglicht der Einsatz dieses Roboters zudem die Förderung von Problemlösekompetenzen und räumlichem Vorstellungsvermögen. Funktionen können Schritt für Schritt in höheren Leveln selbstständig erarbeitet werden. Abschließend stellen die Kinder in einer gemeinsamen Reflexionsphase die Ergebnisse und Erfahrungen mit dem Lernroboter vor und diskutieren ihre Erfahrungen.
Zusammenfassend brachte es ein Kind auf den Punkt: „Das ist ja das Gleiche wie beim Blue-Bot – nur anders."

Möglicher Verlaufsplan (erprobt vom Masteranden Laurenz Langer)

Zeit und Sozial-/ Arbeitsform	Lehrkraft – Schülerinnen und Schüler	Material und Medien
5 Min./Plenum	Begrüßung der Schülerinnen und Schüler	
5 Min./ Plenum	**Wiederholung** • Aufgreifen der Inhalte der letzten Unterrichtssequenz • Wiederholung: – Eindeutigkeit von Befehlen – Programmierung	Bisher eingesetzte Lernroboter
15 Min./ Kinositz	**Einstieg** • Kinder versammeln sich im Kinositz • Gemeinsame Einführung der App Scottie Go! • Erstes Level gemeinsam starten – Probedurchgang – Was brauchen wir? – Auslegen der Code-Plättchen einführen – Scannen der Code-Plättchen	• Tablets • Zubehör aus dem Spiel Scottie Go! (Spielfeld, Plättchen)
50 Min./ Partnerarbeit	**Arbeitsphase** • Tablets und Zubehör zur App Scottie Go! werden ausgeteilt • Kinder arbeiten zu zweit am Tablet und bedienen die App Scottie Go! von Level zu Level	• Tablets • Zubehör aus dem Spiel Scottie Go! (Spielfeld, Plättchen)
15 Min./ Plenum	**Reflexionsphase:** • Wie bist du vorgegangen? • Gab es Schwierigkeiten? Welche? • Welche Lösungen hast du gefunden? Wer hatte eine andere Lösung? • Was ist gleich – was ist anders im Vergleich zum Blue-Bot?	

Sequenz 3:
Den Mikrocontroller Calliope mini kennenlernen

Claudia Tenberge und Peter Rogoll

Zeitrahmen:
Umfang ca. 60 Minuten

Vorgeschlagene Klassenstufe:
ab Klasse 3

Kinder lernen den Calliope mini kennen

Die Schüler:innen sollten den Calliope mini zuerst explorativ kennenlernen. Je nach Vorerfahrungen kann an die Vorkenntnisse aus den vorherigen Sequenzen angeknüpft werden. Aber auch ein direkter Einstieg mit dem Calliope mini ist für die eigentlichen Erweiterungsvorschläge zu den Handlungsprodukten und Fragestellungen des Buches „Holz erleben – Technik verstehen“ möglich.

Kurzbeschreibung der Sequenz

Beim Einstieg im Stuhlkreis helfen folgende Impulse, an die Vorkenntnisse anzuknüpfen bzw. Vorerfahrungen zu eruieren:

- Was ist ein Roboter?
- Was ist mit Programmieren gemeint? Welche Beispiele kennst du?
- Calliope mini zeigen: Erzähle dazu. Was könnte das sein? Wie kann das bedient werden? Was kann das?

Die Lehrkraft erläutert die Tasten und das Startprogramm. Verschiedene Beispiele werden vorgeführt. Die App wird vorgestellt, ebenso wie der Calliope mini verbunden wird und wie er zu programmieren ist.
In Tandems erproben die Kinder einzelne Beispielanwendungen. Im anschließenden Sitzkreis berichten sie von ihren Eindrücken und tauschen sich aus.

Weitere Hinweise

Erstmaliges Einschalten des Calliope mini
Bevor es losgehen kann, muss der Calliope mini mit Strom versorgt werden. Dazu wird der mitgelieferte Batterieblock eingesteckt. Auf ihm befindet sich ein On-/Off-Schalter. Über diesen lässt sich auch der Calliope mini an- und ausschalten. Auf dem Calliope mini befindet sich eine kurze Befehlsfolge, mit der die Knöpfe A und B sowie die Schüttelfunktion den Benutzer:innen vorgestellt werden.
Auf dem Calliope mini befinden sich zudem fünf vorinstallierte Programme. Diese sind nach der kurzen Einführungssequenz verfügbar. Mit den Tasten A und B kann zwischen den fünf Programmen gewechselt werden. Mit einem leichten Schütteln des Geräts wird der Lagesensor betätigt und das gewählte Programm gestartet. Um in das Hauptmenü zurückzukehren, müssen die Knöpfe A und B gleichzeitig gedrückt werden.

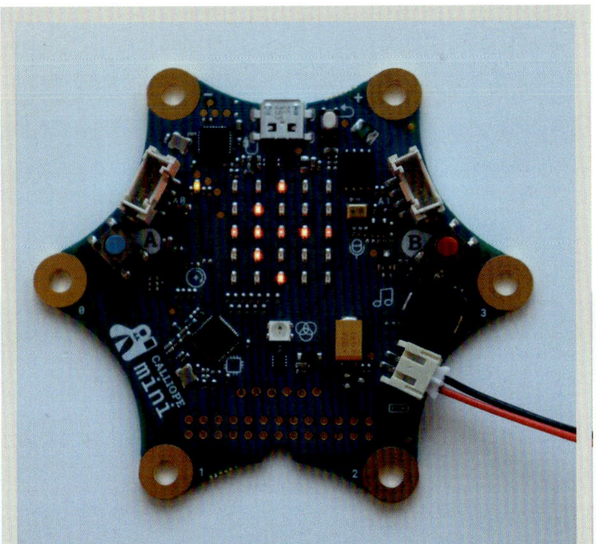

Einleitungssequenz des Calliope mini

Beispielanwendungen Calliope mini

Calliope mini Orakel: Der Calliope beantwortet in diesem Programm Ja-/Nein-Fragen. Nach dem Stellen der Frage wird der Knopf A gedrückt. Der Calliope mini wird daraufhin mit einem Smiley antworten. Der lachende Smiley steht für „Ja“ und der traurige Smiley für „Nein“.

Schere, Stein, Papier: In diesem Programm können Sie mit dem Calliope mini das Spiel Schere, Stein, Papier spielen. Dazu wird der Calliope mini in die Hand genommen und geschüttelt. Zufällig erscheint nun eins von vier Symbolen auf der LED-Anzeige. Beim erneuten Schütteln wird ein neues Symbol angezeigt.

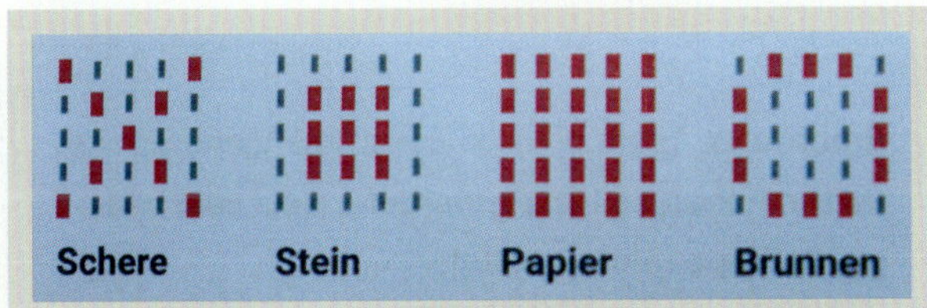

Spiel 2 des vorprogrammierten Calliope mini

Funkt's?: Die vermeintliche Zusammengehörigkeit von zwei Personen kann mit dem Calliope mini getestet werden. Dazu nimmt die erste Person den PIN 1 zwischen zwei Finger und die zweite Person PIN 2. Der Calliope mini misst auf einer Skala von 1 bis 9, wie gut beide zusammenpassen. Dabei ist 1 weniger gut und 9 hervorragend. Falls die Personen gar nicht zusammenpassen, erscheint ein kleiner Blitz auf der LED-Anzeige. Ist die Harmonie perfekt, erscheint ein Herz.

Snake: Auf dem Calliope mini kann der Spieleklassiker „Snake“ gespielt werden. Mit der Auswahl des Spiels startet die Schlange die Futtersuche. Sie besteht aus zwei LED-Punkten und lässt sich mit den Tasten steuern. Mit der Taste A biegt die Schlange nach links und mit der Taste B nach rechts ab.

Bluetooth: Mit dem fünften Programm kann der Calliope mini über Bluetooth mit dem Computer oder Tablet verbunden werden. Nachdem das Programm mit dem Bewegungssensor ausgewählt wurde, wird ein Muster auf den LEDs angezeigt.

Den Calliope mit USB verbinden: Der Calliope verfügt über einen Micro-USB-Anschluss. Mit dem beiliegenden USB-Kabel kann der Calliope mini an einen Computer angeschlossen werden. Auf dem Desktop wird der Calliope mini als Flash-Speicher angezeigt. Erstellte Programme können so auf den Calliope mini kopiert werden.

Bluetooth einschalten bei gedrückten Knöpfen

Programme über Bluetooth auf den Calliope mini übertragen: Der Calliope mini kann über Bluetooth Programme empfangen. Um das Gerät hierfür vorzubereiten, gibt es zwei Möglichkeiten. Befinden sich auf dem Calliope mini die vorinstallierten Programme, so kann das fünfte Programm für die Datenübertragung genutzt werden. Nach der Auswahl erscheint ein Muster auf der LED-Anzeige.
Achtung: Jeder Calliope mini verfügt über ein eigenes Muster!
Wurden bereits andere Programme auf den Calliope mini übertragen, kann nicht mehr auf die vorinstallierten Programme zugegriffen werden. Der Calliope mini kann jedoch mit einer Tastenkombination jederzeit Programme über Bluetooth empfangen. Hierfür müssen die Tasten A und B gleichzeitig gedrückt werden und zusätzlich die Reset-Taste für 1 Sekunde. Die Tasten A und B werden so lange gedrückt, bis die Bluetooth-Animation beendet ist und das Muster auf den LEDs des Calliope mini erscheint. Im Anschluss müssen Sie das Muster in die App eintragen. Hierfür öffnen Sie die App Calliope mini auf ihrem Tablet oder Smartphone.
Diese App kann kostenlos bei Google Play und/oder im Apple App Store geladen werden.
Um den Calliope mini zu programmieren, benötigt dieser eine Programmierumgebung. Dazu kann sowohl die Calliope mini App als auch das Open Roberta Lab im Browser genutzt werden.

Calliope mini App: Mit der Calliope mini App lassen sich Programme für den Calliope mini erstellen. Hierfür stehen verschiedene Editoren zur Verfügung. Nach dem Starten der App wird in der Fußzeile das Feld mit Editoren und Programmen angezeigt. Nachdem dieses Feld ausgewählt wurde, kann aus drei Editoren und dem Startprogramm gewählt werden. Das Startprogramm befindet sich bei einem neuen Calliope mini bereits auf dem Speicher und kann immer wieder auf den Calliope mini übertragen werden.

NEPO ‚Calliope mini APP‘, Anwendung der Calliope mini APP

NEPO (Open Roberta Lab): NEPO bietet die Möglichkeit, umfangreiche Befehlsfolgen für den Calliope mini zu programmieren. Auf der linken Seite sind alle Befehle in farbige Kategorien einsortiert. Wird beispielsweise das oberste Feld „Aktion" ausgewählt, öffnet sich eine Spalte mit verschiedenen Aktionen. Diese können per ‚drag and drop' auf die weiße Fläche gezogen werden. Befehle werden nur berücksichtigt, wenn sie Kontakt zum „Start"-Block oder mit anderen Befehlen aufweisen. Befehle können beliebig oft bewegt werden und lassen sich voneinander lösen. Falls ein unpassender Befehl auf der weißen Fläche liegt, kann dieser unten rechts in den Mülleimer gezogen werden. Die Bedienung in der App und auf der Internetseite ist identisch. Der Unterschied liegt im Sichern der Programme. In der App kann das fertiggestellte Programm auf den Calliope mini übertragen werden, indem Sie auf das Pfeilsymbol unten rechts klicken. Dafür muss der Calliope mini bereits mit dem Tablet über Bluetooth verbunden sein.

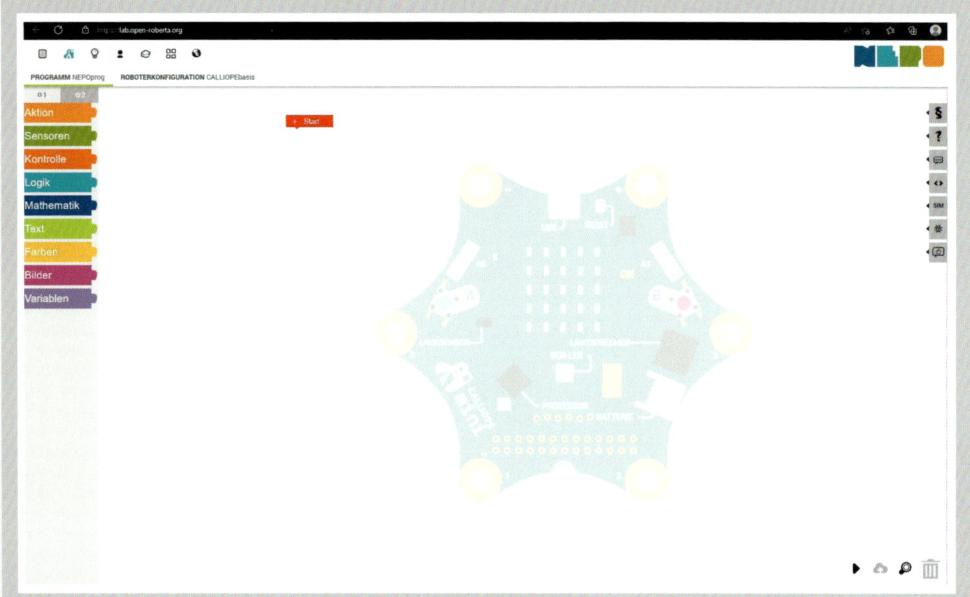

NEPO,
Open Roberta Lab
Browservariante

Bei der Browservariante wird beim Klicken auf den Pfeil eine Datei erstellt. Diese kann auf dem Laptop gespeichert und auf den Calliope mini kopiert werden, wenn dieser mit dem USB-Kabel verbunden wurde.
Das Open Roberta Lab kann über einen beliebigen Internetbrowser aufgerufen werden unter:
https://lab.open-roberta.org

Tipps bei Fehlermeldungen
Das Übertragen von Programmen auf den Calliope mini funktioniert nicht immer auf Anhieb. Hierfür kann es unterschiedliche Gründe geben.
Schafft der Calliope mini nach mehrfachen Verbindungsversuchen es nicht, sich mit dem Tablet zu verbinden, kann dies an veralteter Firmware liegen. Die

neueste Version der Firmware finden Sie auf der Seite des Herstellers für den Calliope mini. Diese kann nach dem Herunterladen über ein USB-Kabel auf den Calliope kopiert werden.
Reagiert der Calliope mini nicht mehr, kann ein „Reset“ helfen. Hierfür müssen Sie die Reset-Taste fünf Sekunden gedrückt halten. Der Calliope mini wird dabei in das Startprogramm zurückversetzt.
Werden Programme über das USB-Kabel auf den Calliope mini kopiert, kann folgende Fehlermeldung auf Ihrem Endgerät erscheinen.

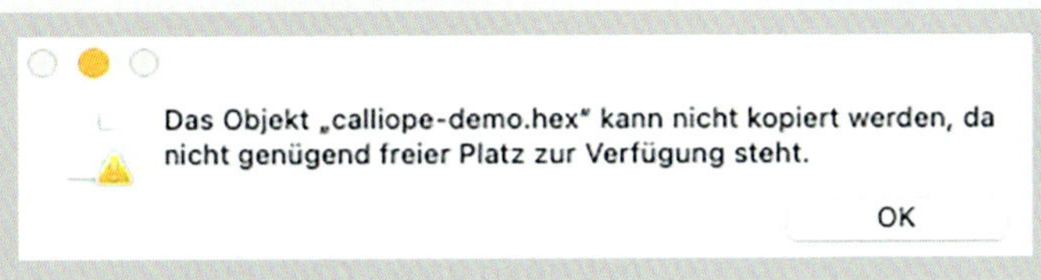

Fehlermeldung bei vollem Flash-Speicher

Der Speicher ist mit „Abfalldateien“, die nicht sichtbar sind, überfüllt. Dies kann passieren, wenn viele Programme auf den Calliope mini geladen und wieder gelöscht wurden. Der Flashspeicher kann freigeräumt werden, indem der Papierkorb auf dem Endgerät geleert wird. Dies sollte auch die „Abfalldateien“ auf dem Flashspeicher entfernen.
Für weitere Probleme und Fragen bietet der Hersteller auf seiner Internetseite Hilfe an. Hier lassen sich zudem Foren finden, in denen unzählige Ratschläge und Hilfestellungen aufgelistet sind.

Weiterführende Informationen

Grundlegende Informationen zum Coden sind in den folgenden Bänden zusammengefasst. Sie sind als pdf über die jeweiligen Links herunterladbar (zuletzt abgerufen am 14.02.2024):

- Abend, Michael u. a. (2017): Coden mit dem Calliope mini. Programmieren in der Grundschule. Bd. 1. Arbeitsheft ab Klasse 3. Berlin. https://machmitnetz.de/pluginfile.php/1886/mod_resource/content/2/calliope-cornelsenschuelermaterial-1.pdf
- Abend, Michael u. a. (2018): Coden mit dem Calliope mini. Programmieren in der Grundschule. Bd. 2. Schülermaterial ab Klasse 4. Berlin. https://calliope.cc/media/pages/schulen/schulmaterial/c6797cad7f-1616419011/cornelsenschuelermaterial-2.pdf

Kompetenzbereich 1

Sachgemäßes Umgehen mit Werkzeugen und Materialien, Herstellen von Produkten

Sequenz 4:
Bau einer Nageltreppe

Birgit Eikmeyer und Claudia Tenberge

Zeitrahmen:
Umfang ca. 90 Minuten
(oder als zwei Unterrichtsstunden)

Vorgeschlagene Klassenstufe:
Klasse 1

Diese Sequenz entspricht dem Vorschlag „Erwerb des Werkzeugführerscheins A: Herstellung einer Nageltreppe" aus dem Buch „Holz erleben – Technik verstehen". Zu finden ist der Vorschlag auf den Seiten 38 bis 47. Vorbereitende Hinweise dazu stehen auf den Seiten 30 bis 33. Zunächst wird das Handlungsprodukt Nageltreppe mit den Schüler:innen hergestellt, sodass es im Folgenden digital erweitert werden kann.

Bei der Herstellung der Nageltreppe erlernen die Schülerinnen und Schüler den sachgerechten Umgang mit den Werkzeugen Feinsäge, Hammer, Kneifzange, Anschlagwinkel und Schleifpapier. Die entsprechenden Sicherheitsregeln müssen beachtet werden. Abschließend wird bei den Kindern die Fähigkeit zur Bewertung eines Werkstückes angebahnt.

Sequenz 5:
Die klingende Nageltreppe – Programmieren und Abspielen von Tönen

Claudia Tenberge, Lars Pelz und Peter Rogoll

Zeitrahmen:
Umfang ca. 60 Minuten

Vorgeschlagene Klassenstufe:
ab Ende Klasse 2

Kinder erzeugen Töne auf einer Nageltreppe

Die Schüler:innen haben Nageltreppen erstellt. Zufällig nehmen einige Kinder herumliegende Gummibänder und spannen diese zwischen zwei Nageltreppen ein. Wird an den Gummibändern gezupft, lassen sich verschiedene Töne erzeugen, je nach Spannung und Länge der Gummibänder. Auch laute bzw. leise Töne sind zu hören. Optional könnte sich hier eine Einheit zum Thema „Schall – was ist das?" anbieten. Vielleicht haben die Kinder auch bereits das Handlungsprodukt „Holzblocktrommel" (vgl. „Holz erleben – Technik verstehen", Sequenz 6, Seiten 78 bis 85) hergestellt und ziehen Bezüge, oder sie hatten den Kontext im Musikunterricht bearbeitet.
Es könnte sein, dass ein Kind berichtet, dass es zu Hause ein Keyboard hat, wo keine Saiten gezupft und dennoch Töne erzeugt werden. Alternativ könnte die Lehrkraft auf dieses Instrument hinweisen. Können wir so etwas auch nachmachen mithilfe des Calliope mini?

Ziel der Unterrichtssequenz

In der Arbeitsphase sollen Töne mit dem digitalen Tool Calliope mini erzeugt werden. Die Kinder vertiefen ihre Fähigkeiten im Umgang mit dem Mikrocontroller.

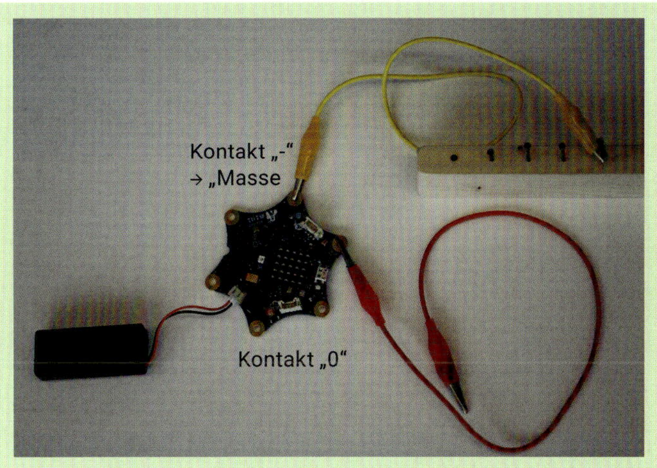

Kurzbeschreibung der Sequenz

Die Kinder verfügen bereits über Vorerfahrungen im Umgang mit dem Calliope mini und der blockbasierten Programmierung (vgl. dazu Hinweise in Sequenz 7a dieses Bandes).

Benötigt werden je Tandem:

- 1 Calliope mini
- 1 Nageltreppe
- 2 Krokodilklemmen
- Tablet

Ein Programm für die Tonausgabe wird in NEPO erstellt. Dabei soll der Ton ausgelöst werden, wenn ein Pin des Calliope mini mit Masse (Minuspol) verbunden wird. Ein Beispielprogramm könnte so aussehen:

Der Auftrag an die Schüler:innen könnte folgendermaßen lauten:

- Erstellt das Programm im NEPO. Übertragt es auf den Calliope mini. Probiert es aus, indem ihr Pin 0 („Kontakt 0“ in der Grafik) mit Masse verbindet.

Es bietet sich an, je nach Bedarf, Zwischenreflexionen einzubauen, in denen von den bisher gemachten Erfahrungen berichtet wird:

- Das hat gut geklappt.
- So bin ich vorgegangen.
- Hier hatte ich Probleme und habe sie immer noch. Wer kann mir helfen?
- Diese Lösungen habe ich gefunden.
- Das möchte ich wissen, damit ich weiterarbeiten kann.

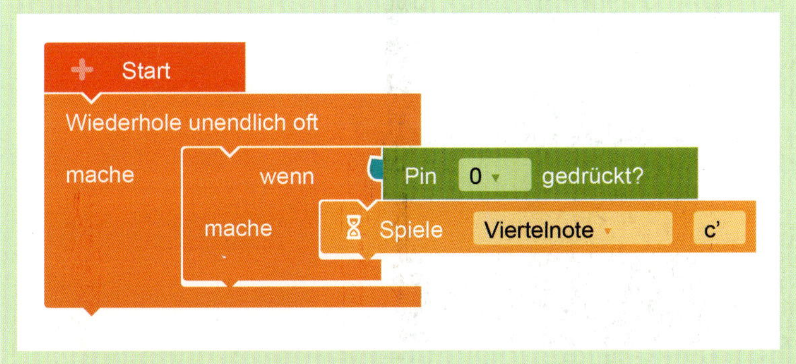

Lösungsansatz für die klingende Nageltreppe (NEPO, erstellt von Lars Pelz)

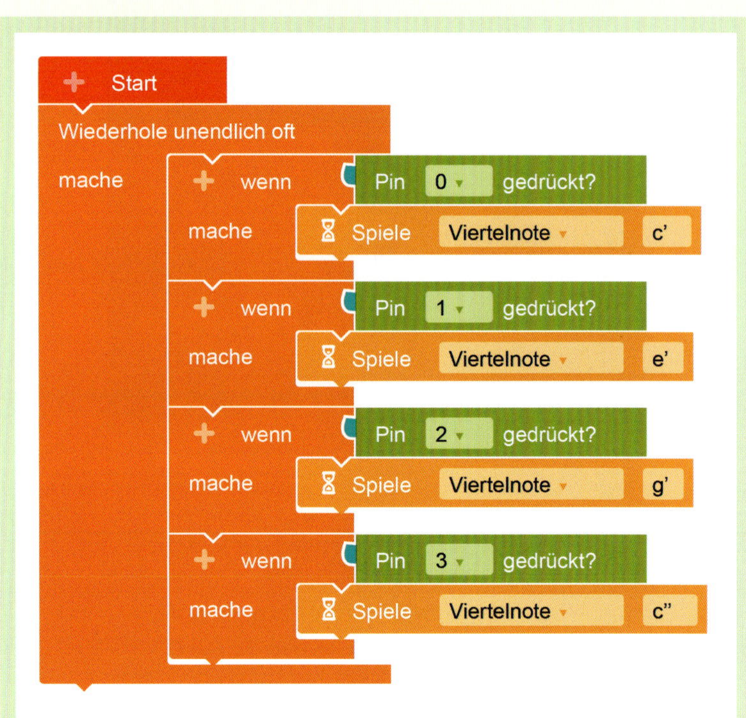

Vollständige Lösung für die klingende Nageltreppe (NEPO, erstellt von Lars Pelz)

Zur Differenzierung:

- Erweitert das Programm, sodass alle Pins abgefragt werden. Es soll jeweils ein anderer Ton abgespielt werden.

Eine mögliche Lösung des Programms könnte wie oben links dargestellt aussehen.

Je nach Vorerfahrungen der Kinder kann gemeinsam programmiert werden, um sich mit der Form der Blockprogrammierung und der Übertragung des Programms auf den Calliope mini vertraut zu machen. Alternativ können für die Schüler:innen gestufte Tippkarten zum Einsatz kommen, die sie im Problemlöseprozess unterstützen, ohne die Lösung vorwegzunehmen (siehe Material nächste Seite).

Werkzeug und Material im Überblick

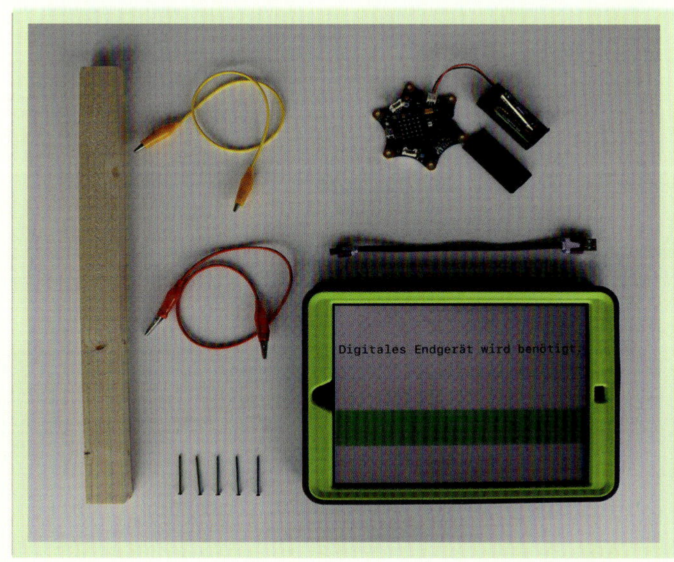

Tippkarten

Nageltreppe TIPP 1

(die wichtigsten benötigten Blöcke)

Wiederhole unendlich oft
mache

Start

Spiele Viertelnote c'

wenn Pin 0 gedrückt?
mache

Nageltreppe TIPP 2

(alle benötigten Blöcke)

wenn Pin 3 gedrückt?
mache

Spiele Viertelnote e'

Spiele Viertelnote c''

wenn Pin 2 gedrückt?
mache

Start

Spiele Viertelnote g'

Wiederhole unendlich oft
mache

Spiele Viertelnote c'

wenn Pin 0 gedrückt?
mache

wenn Pin 1 gedrückt?
mache

Nageltreppe LÖSUNG

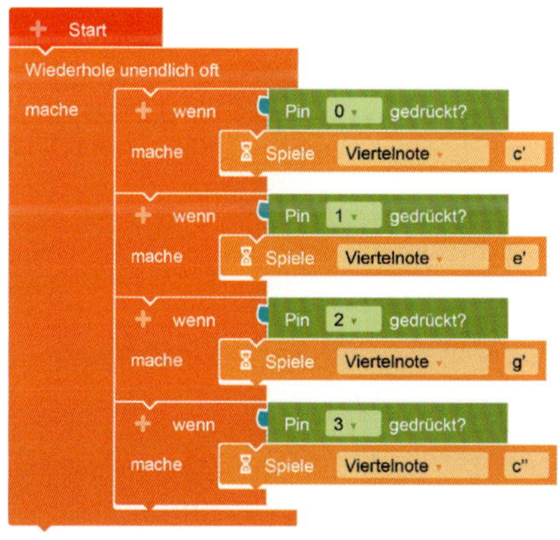

SIDE 2

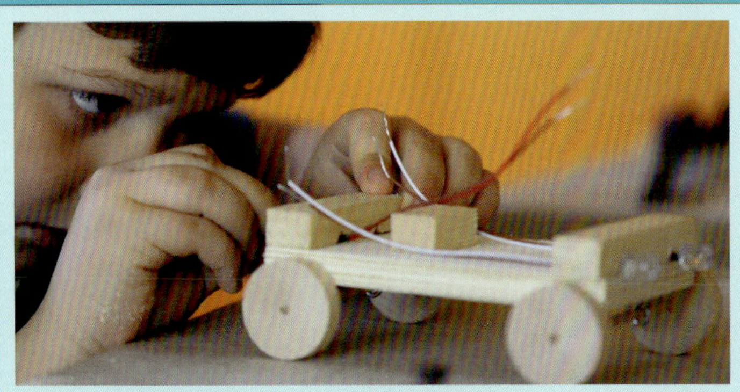

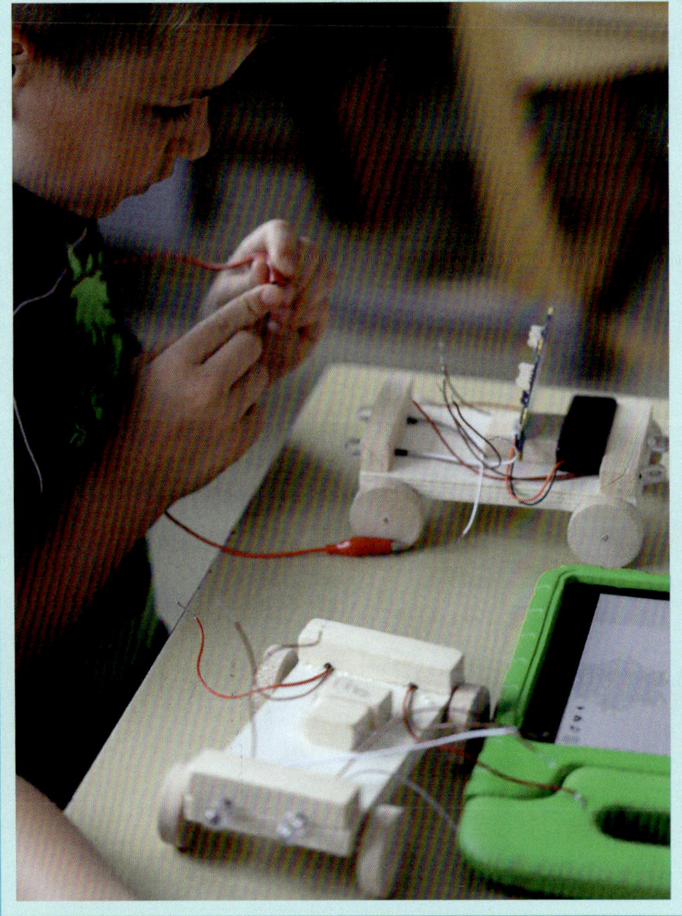

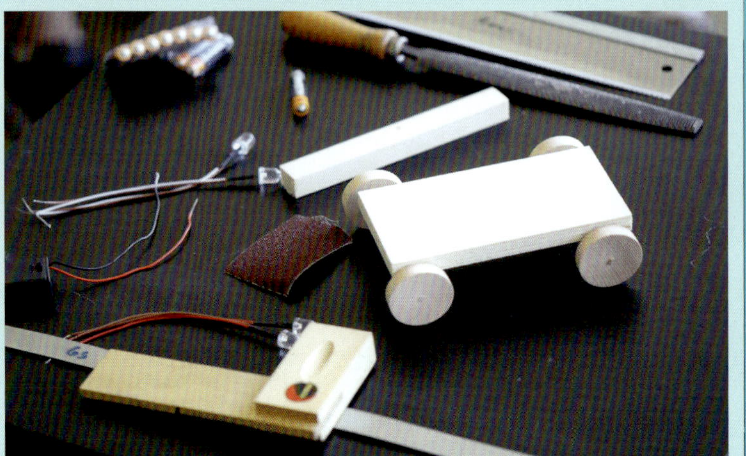

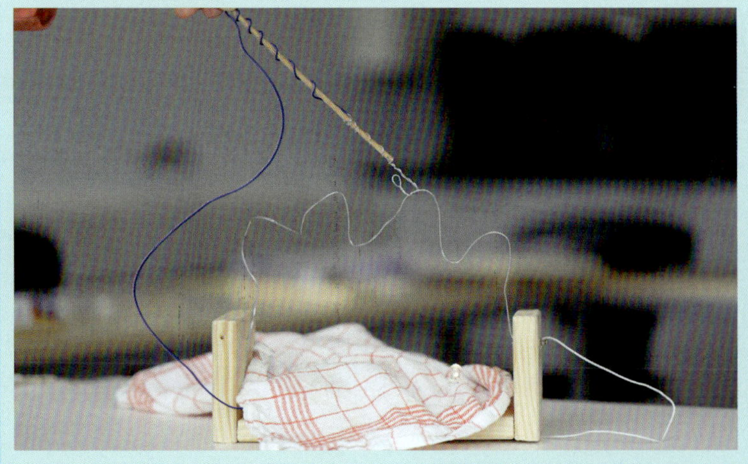

Kompetenzbereich 2

Erfinden technischer Lösungen

Sequenz 6:
Bau eines vierrädrigen Fahrzeugs aus Holz

Birgit Eikmeyer und Claudia Tenberge

Zeitrahmen:
Umfang ca. 60 Minuten

Vorgeschlagene Klassenstufe:
Ab Klasse 2

Diese Sequenz entspricht dem Vorschlag 9 „Bau eines einfachen Fahrzeugs aus Holz“ aus dem Buch „Holz erleben – Technik verstehen“. Zu finden ist der Vorschlag auf der Seite 100. Eingebettet ist das Herstellen des vierrädrigen Fahrzeuggrundmodells aus Holz in den Kontext „Mein Fahrzeug fährt am besten!“. Das Handlungsprodukt Fahrzeug wird zunächst mit den Schüler:innen hergestellt, sodass es im Folgenden digital erweitert werden kann.

Sequenz 7a: „Mein Fahrzeug ist beleuchtet“

Frauke Vehmeier

Zeitrahmen:
Umfang ca. 3 Unterrichtsstunden

Vorgeschlagene Klassenstufe:
Ab Klasse 3

Kinder erfinden technische Lösungen beim Bau der Beleuchtung von Fahrzeugen

Nachdem die Kinder das Fahrzeug-Grundmodell gebaut haben (➔ Sequenz 6), wird es in dieser Einheit mit einer Halterung für die LEDs und die Batteriebox erweitert. Das Nachrüsten des Grundmodells mit einer funktionierenden Beleuchtung übt auf die Kinder einen großen Reiz aus. Dabei greifen sie auf ihre Kenntnisse zum elektrischen Stromkreis zurück und können diese vertiefen.

Ziel der Unterrichtssequenz

Das Erfinden technischer Lösungen kann am Beispiel des Baus von vierrädrigen Fahrzeugen in der dritten und vierten Klassenstufe unter dem Aspekt „Beleuchtung“ erarbeitet werden. Die Kinder durch-

Klassenstufe 3

laufen dabei wichtige Schritte eines technischen Problemlöseprozesses wie Planen / Entwerfen, Konstruieren / Bauen, Erproben / Testen, Montieren / Demontieren, Bewerten und Verbessern / Optimieren. Es empfiehlt sich, dass ab Klasse 1 die Werkprojekte aus dem Buch „Holz erleben – Technik verstehen" umgesetzt werden. Die Klasse hat bislang schon die Werkzeugführerscheine A und B erworben und Mitte Klasse 3 auch schon eigene Fahrzeuge aus Holz mit Antrieb gebaut.

Kurzbeschreibung der Sequenz

Beim Fahrzeugbau wollten mehrere Kinder ihr Fahrzeug gleich mit einer Beleuchtung versehen. Nach dem die Kinder Erfahrungen zum Stromkreis gesammelt hatten, wurde der Wunsch in dieser Einheit aufgegriffen.
Ein möglicher Aufbau einer vorbereitenden Unterrichtseinheit zum Stromkreis könnte diese Einheiten umfassen:

- Einführung: Wo begegnet uns elektrischer Strom in unserem täglichen Leben? Wie wäre ein Tag ohne elektrischen Strom, beispielsweise bei einem Stromausfall? Gefahren des elektrischen Stroms und sicheres Verhalten
- Der geschlossene einfache Stromkreis: Stromquelle (z. B. Batterie), Leiter (z. B. Metalldraht), Verbraucher (z. B. Glühlampe bzw. LED), Fassung, Wackelkontakt, Kurzschluss
- Einbau eines Schalters zum bewussten Schließen und Öffnen des Stromkreises
- Leiter und Nichtleiter (Isolatoren) des elektrischen Stroms
- Reihen- und Parallelschaltung
- Vorschlag für weitere Anwendungsbeispiele: Beleuchtung einer Laubsägearbeit nach Erwerb des Laubsägeführerscheins (z. B. Weihnachtsbaum, Umrissfigur Wolke oder Stern) als Bauaufgabe

Hinweis: Die Wärmewirkung oder die Magnetwirkung des elektrischen Stroms wird in den folgenden Einheiten nicht thematisiert oder bearbeitet.

Vorbereiten und Orientieren
Als Einstieg wurde das Prinzip der „Blackbox" genutzt. Ein als Auto mit funktionierender LED-Beleuchtung umfunktionierter schwarzer Karton lenkte die Aufmerksamkeit der Kinder auf die notwendigen Bauteile. Sofort stellten die Kinder Vermutungen über den Inhalt an und nannten alle verborgenen Bauteile. Dabei wurden gleich die Möglichkeiten besprochen, wie die LEDs angeschlossen werden und die Begriffe „Pluspol", „Plus", „Minuspol", „Minus" und „Parallelschaltung" wiederholt.
Um die LEDs befestigen zu können, wollten viele Kinder Löcher bohren. Daher wurden nun Werkzeuge und Materialien in den Kreis gelegt, mit deren Hilfe man eine Halterung für die LEDs bauen sollte. Ein Bohrer war nicht dabei, stattdessen eine Raspel. Die Kinder waren erstaunt und überlegten, wie man mit der Raspel, die sie schon öfter genutzt hatten, ein Loch bohren kann. Schließlich vermutete ein Kind, dass man damit eine Kerbe in das Holz machen kann.

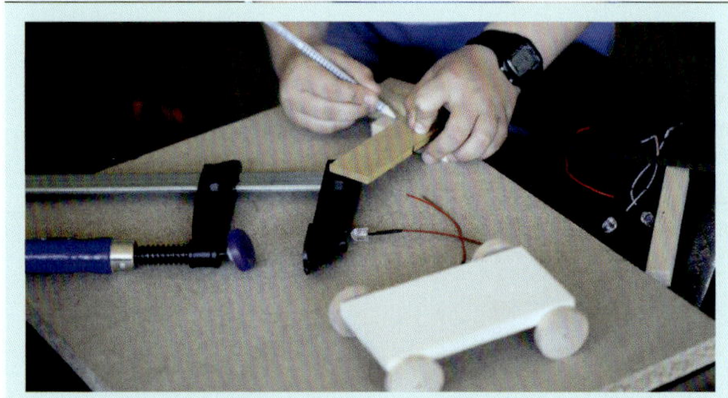

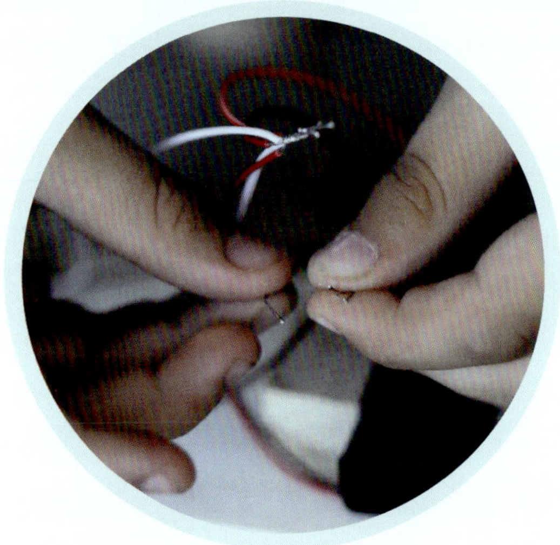

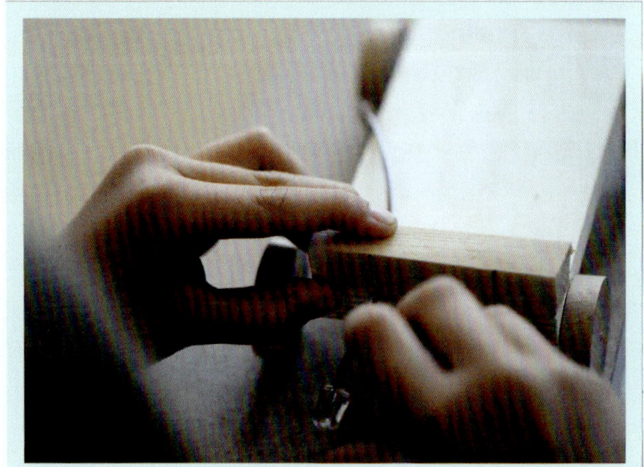

Die Handhabung aller Werkzeuge und die Sicherheitsregeln wurden vor Beginn der Arbeitsphase mit der Klasse wiederholt. Besonders wichtig war es, die Handhabung der Raspel zu zeigen. Anders als bislang eingeübt, wird die Raspel hier waagerecht mit der schmalen Seite geführt.

Arbeitsphase der Kinder

Die Kinder machten sich sofort an die Arbeit. Dabei konnten sie frei entscheiden, ob sie alleine oder zu zweit arbeiten wollten. Die meisten Kinder entschlossen sich für die Einzelarbeit. Da immer vier Kinder an einem Gruppentisch gearbeitet haben, unterstützten und halfen sie sich gegenseitig.

In dieser Phase benötigten nur wenige Kinder Hilfe beim Befestigen der Holzzwingen. Die meisten Kinder probierten von sich aus immer wieder aus, ob die

Klassenstufe 3

Kerben schon tief genug waren. Nur zwei Kinder benötigten die Tippkarte Nr. 2.

Das Leimen der Halterung geschah an einer Leimstation. Dieser Tisch war mit einem kleinen Topf Leim, zwei Pinseln und kleineren Zwingen ausgestattet. Eine Leimstation hat den Vorteil, dass eine Flasche Leim ausreicht. Mithilfe des Pinsels kann der Leim von den Kindern sparsam aufgetragen werden. Die Kinder, die sich hier zufällig trafen, schauten sich immer sogleich interessiert die Halterungen der anderen Kinder an und halfen bei Bedarf auch beim Leimen.

Bei drei Kindern passten nach dem Leimen die Kabel doch nicht durch die Kerbe. Hier mussten sie ihre beim Leimen entstandenen „Löcher" mit einer schmalen Rundfeile vergrößern.

Die Befestigung der Batteriebox war für einige Kinder schwierig. Mithilfe der Tippkarte 3 und kürzeren Leistenstücken konnten sie jedoch schnell eine Lösung finden. Einige orientierten sich auch an dem Vorgehen schnellerer Kinder.

Die Kinder konnten die LEDs leicht an der Batteriebox anschließen. Von Vorteil waren die Farben der Kabel. Im gemeinsamen Gesprächskreis hatten wir schon überlegt, wie die Kabel verbunden werden müssen. Die Kinder konnten sich die Lösung anhand der unterschiedlichen Farben leicht erschließen. Ebenfalls konnten sie anhand der Kabelfarbe die Leuchtfarbe der LEDs erkennen. So hatte zum Schluss jedes Kind ein Fahrzeug mit einer funktionierenden Beleuchtung.

Weiterführendes Material

- Kirste, Thorsten/Sibylle Wayand (2021): Licht an! Nach-Erfinden einer Taschenlampe. In: Möller, K./ Tenberge, C. & M. Bohrmann: Die technische Perspektive konkret. Begleitband 5 zum Perspektivrahmen Sachunterricht. Bad Heilbrunn, S. 65–82.
- Möller, Kornelia (1997): Geht dir ein Licht auf? Entdeckendes Lernen am Beispiel „Elektrischer Strom". In: Die Grundschulzeitschrift, 11 (1997) 108, S. 12–16.

  „Dieser Beitrag behandelt Aufgaben für den Sachunterricht in der Grundschule zum Thema des elektrischen Stroms, welche entdeckendes und problemorientiertes Lernen ermöglichen. Die Schüler haben die Möglichkeit, selbst Lösungsmöglichkeiten zu suchen, auszuprobieren, zu bewerten und ggf. zu verbessern." (LSW)

Mögliche Verlaufsplanung

Zeit und Sozial-/ Arbeitsform	Lehrkraft – Schülerinnen und Schüler	Material und Medien
Etwa 15 Min./ Gesprächskreis	**Einstieg/Orientierung** Die Lehrkraft stellt ein Schuhkartonfahrzeug mit funktionierender Beleuchtung und ein Holzfahrzeug (Grundmodell) ohne Beleuchtung in die Mitte. „Was muss ich tun, damit mein Holzfahrzeug auch leuchten kann?“ Die Kinder stellen Vermutungen an, was sich im Inneren der Blackbox befinden muss. Die entsprechenden Bauteile werden von der Lehrkraft in den Kreis gelegt. Mögliche Impulse: • Welche Materialien benötige ich, damit mein Fahrzeug leuchten kann? • Welche Bauteile sind im Inneren des Schuhkartonfahrzeugs verborgen? *Lösung: Batterien, Kabel, evtl. Batteriebox (ist von Calliope bekannt)* • Wie kann ich die LEDs an den Batterien anschließen? Problemfindung: Die Kinder erkennen, dass die LEDs an der Karosserie des Holzfahrzeugs befestigt werden müssen. Mögliche Impulse: • Wie sind die LEDs am Schuhkarton befestigt? *Lösung: Es wurde ein Loch gebohrt und die LEDs wurden einfach durchgesteckt.* • Was muss ich an der Karosserie meines Fahrzeugs verändern? Die Lehrkraft legt Leistenstücke, LEDs und Raspeln in den Kreis: „Wie kann ich mit diesen Materialien und Werkzeugen meine Karosserie erweitern?“ • Die Kinder verschaffen sich einen Überblick über die Materialien und Werkzeuge. • Es werden Ideen gesammelt, die man mit den vorgestellten Materialien und Werkzeugen umsetzen kann. Mögliche Antworten: • Ich kann ein Loch bohren. Das geht nicht mit den Werkzeugen ... • Ich kann mit der Raspel eine Kante in das Holz machen. Die Lehrkraft nimmt diese Antwort auf: „Wie muss ich die Raspel führen, damit ich eine Kerbe in das Holz raspeln kann? Wie führe ich die Raspel sonst?“ Arbeitsauftrag: „Überlege dir eine Befestigung für die Beleuchtung und die Batteriebox.“	• 1 Schuhkartonfahrzeug mit Beleuchtung • 1 Holzfahrzeug (Grundmodell) • 2 LEDs gelb • 2 LEDs rot • 2 AAA Batterien • 1 Batteriebox • LEDs • Batteriebox • 2 AAA Batterien • Holzleisten • Raspel

Zeit und Sozial-/ Arbeitsform	Lehrkraft – Schülerinnen und Schüler	Material und Medien
ca. eine Doppelstunde/ Einzel- oder Partnerarbeit	**Arbeitsphase** Die Kinder bauen eine Halterung für die LEDs, eine Halterung für die Batteriebox und verdrahten die LEDs: • Halbieren der vorbereiteten Leisten in zwei 8 cm lange Stücke • Anzeichnen und Raspeln der Vertiefungen für die LEDs • Anleimen der Leisten an der Karosserie *Frage: Wie kann ich den Batteriekasten an der Karosserie fixieren? (s. Tippkarte 3)* *Sägen und Anleimen eines kurzen Leistenstücks* Bei Schwierigkeiten kann die Lehrkraft Hilfestellung geben durch: • Austeilen individueller Tippkarten • Hinweis auf Kinder, die bei der Lösung des Problems weiterhelfen können	• Holzfahrzeuge • Holzleisten • Feinsäge • Holzklemmen • Schleifpapier • Raspeln • Leim • LEDs • Batteriebox
5 – 10 Min./ Kreis, Plenum	**Reflexion** Würdigung aller Ergebnisse in der gemeinsamen Abschlussrunde. Im Kreis werden die Fahrzeuge ausgestellt. Die Kinder berichten von ihrem Vorgehen: • So bin ich vorgegangen ... • Das war einfach ... • Hier gab es Schwierigkeiten ... • Diesen Tipp habe ich ...	• Holzfahrzeuge der Kinder • Reflexionskarten

Hilfekarte 1

1. **Raspel in jede Leiste zwei Vertiefungen für die Kabel. Achte auf den Abstand!**

2. **Prüfe vor dem Leimen, ob die Kerben tief genug sind.**

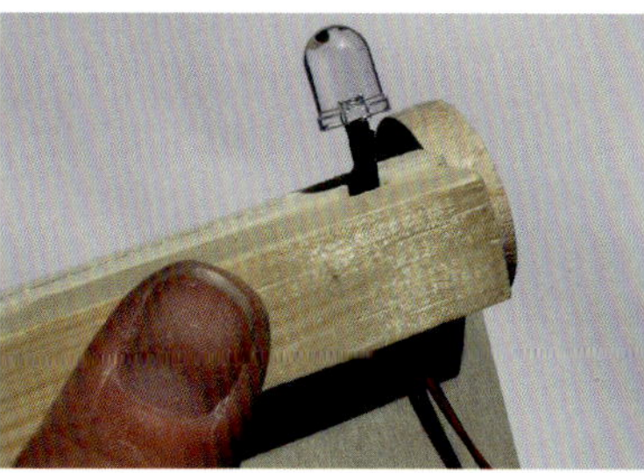

Hilfekarte 2

1. **Nutze ein zusätzliches Leistenstück, damit du den Batteriekasten befestigen kannst.**

Überblick LEDs

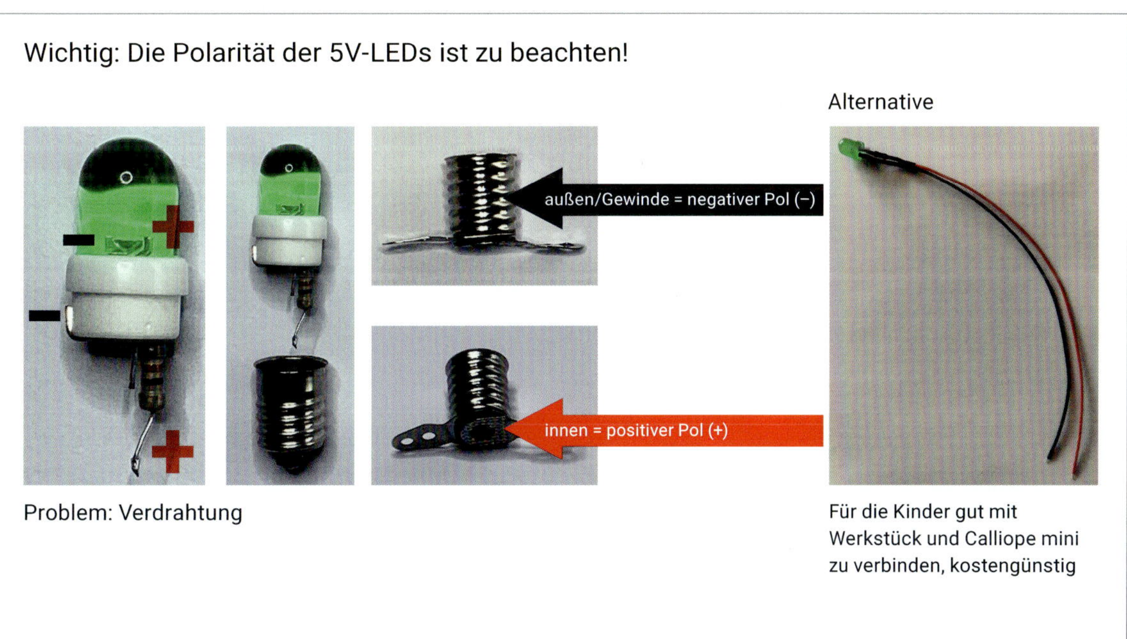

Sequenz 7b:
Erfindung einer Alarmanlage für das Fahrzeug

Frauke Vehmeier

Zeitrahmen:
Umfang ca. 60 Minuten

Vorgeschlagene Klassenstufe:
Ab Klasse 3

Kinder entwickeln eine blinkende Alarmanlage für ihr Holzfahrzeug

Dazu schreiben die Schüler:innen im NEPO ein Programm für Calliope mini und verbinden Calliope mini mit der Beleuchtung ihres Fahrzeugs.

Ziel der Unterrichtssequenz

Die Kinder montieren eine Alarmanlage und schreiben im NEPO ein Programm für Calliope mini.

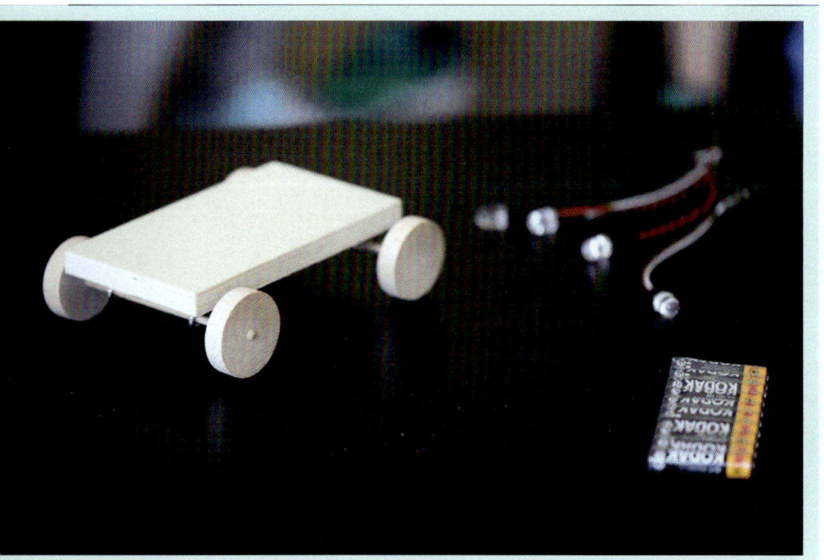

Kurzbeschreibung der Sequenz

Das Programmieren und Montieren einer Alarmanlage für ihr Fahrzeug stellt die Schüler:innen vor große Herausforderungen. Anders als bei der einfachen Beleuchtung sollen die LEDs hier in regelmäßigen zeitlichen Abständen unterschiedlich geschaltet werden. Da die Kinder bei der klingenden Nageltreppe schon im NEPO ein Programm geschrieben und auf den Calliope mini übertragen hatten, war diese Lösung für die Klasse naheliegend.

Vorüberlegungen
In einem ersten Schritt wurde gemeinsam überlegt, wie man den Calliope mini am Fahrzeug befestigen kann und wie die Verdrahtung der LEDs aussehen muss. Da alle LEDs unterschiedlich blinken sollen, werden für diese Aufgabe vier digitale Ausgänge benötigt. Bei Calliope mini eignen sich die Pins 0 bis 3 für diese Aufgabe. Die Anoden der LEDs werden über die Vorwiderstände an die Pins 0 bis 3 angeschlossen, die Kathoden der LEDs werden mit dem gemeinsamen Minus-Pin verbunden.
Hilfreich ist es hier, ein vergrößertes Bild des Calliopes (auf Karton geklebt und ausgeschnitten) im Kreis zu betrachten und die Pins farblich hervorzuheben. Man könnte hier auch gut das „Blackbox"-Fahrzeug aus Sequenz 7a nutzen und dessen LEDs mit roten und schwarzen Krokodilklemmen an dem Calliope-mini-Modell „anschließen".

Befestigung des Calliope mini am Fahrzeug
Der Anschluss des Calliope mini an das eigene Fahrzeug war für die Kinder logisch. Ein größeres Problem war die Befestigung des Calliope mini an dem Fahrzeug. Da der Calliope mini bislang immer gelegen hatte, war dies auch der Lösungsvorschlag der Kinder. Durch die Halterung der Batteriebox war der Platz dafür aber nicht mehr vorhanden. Mit dem Hinweis auf die Befestigung der Batteriebox übertrugen die Kinder diese Lösung auch auf den Calliope

mini. Durch das Befestigen eines zusätzlichen kurzen Leistenstücks mit einem Abstand der Breite des Calliope mini zur Batteriebox konnte der Minicomputer nun einfach auf das Fahrzeug gesteckt werden.

Programm schreiben für die Alarmanlage

Nachdem alle Fahrzeuge damit nachgerüstet worden waren, überlegte die Klasse gemeinsam, wie das Programm für die Alarmanlage aussehen könnte. Der gemeinsame Beginn ist hier sehr wichtig, da die Kinder für dieses Programm neue Befehle nutzen müssen, die nicht unbedingt selbsterklärend sind.

Im Vorfeld wurden im NEPO die Digital-Aktoren hinzugefügt. Die Kinder konnten nun über den Zugang in der Klassengruppe darauf zugreifen. An einem großen Bildschirm wurde gemeinsam überlegt, was das Programm machen soll und wann. Die Kinder überlegten, in welcher Rubrik der jeweils passende Befehl und die passende Aktion zu finden ist. Parallel dazu wurden die Überlegungen der Kinder am Bildschirm im NEPO umgesetzt.

Dadurch konnten die Kinder auf ihre Vorerfahrungen zurückgreifen und unterstützt durch die unterschiedlichen Farben der Kategorien, Aktionen und Befehle auch erkennen, ob sich die Überlegungen umsetzen lassen.

Der *Wert 1050* für *„gib Wert milli-g Beschleunigungssensor Stärke"* wurde vorgegeben. Danach bekamen die Kinder den Auftrag, das Programm für die Alarmanlage mit einem Partnerkind am Tablet zu schreiben und auf ihren Calliope mini zu übertragen.

Zusätzlich standen zur Differenzierung Programmstreifen zur Verfügung. Für einzelne Teams, die z. B. durch das Lesen der vielen Befehle überfordert waren, erwies es sich als sinnvoll, vor der Programmierung am Tablet diese Streifen in eine logische Reihenfolge zu bringen. Dabei kann die Lehrkraft durch Rückfragen die Kinder das Gelegte erklären lassen. So war es auch für diese Gruppen möglich, das Pro-

gramm hinterher am Tablet zu schreiben und auf ihren Calliope mini zu übertragen.
Durch die Vorerfahrungen der Kinder haben einige Gruppen Alarmtöne mit in ihr Programm eingebaut. Gruppen, die schnell mit ihrem Programm fertig waren, konnten zusätzlich das Programm so erweitern, dass auf dem Bildschirm des Calliope mini ein Gesicht angezeigt wurde.
Wenn man Calliope mini mit Tablets programmieren möchte, muss man diese vorher via Bluetooth verbinden. Bei zu vielen gleichzeitigen Übertragungen kann diese Funktion gestört sein. Daher stand ein Laptop mit dem Calliope mini Start-Programm bereit. Bei Störungen konnte die Lehrkraft über USB-Kabel das Start-Programm neu aufspielen. Diese Aktion ist nicht zeitintensiv, kann aber vermieden werden, wenn man den Calliope über Laptops bzw. PCs programmiert.
Hier habe ich mich bewusst für das Programmieren mit Tablets entschieden, da die Kinder diese intuitiv bedienen und durch die vielfältigen Einsatzmöglichkeiten im Unterricht schon viele Erfahrungen im Umgang mit Tablets gesammelt haben. Auch fördert die Arbeit an Gruppentischen den Austausch untereinander. Die Arbeit im Computerraum mit Standgeräten ist dagegen eher isoliert und von den anderen Teams abgeschottet.

Info-Kasten

Laut Calliope-Datenblatt darf jeder dieser einzelnen Ausgänge einen Strom von max. 5mA treiben und in Summe darf ein maximaler Strom von 15mA fließen. Die in dieser Einheit benutzten LEDs müssen über Vorwiderstände so angeschlossen werden, dass der fließende Strom die Hardware nicht zerstört. Als Vorwiderstände wurden 470 Ohm gewählt. Mit diesen großzügig dimensionierten Vorwiderständen könnten die LEDs auch an 12V angeschlossen werden und würden dann optimal leuchten – an 5V leuchten sie entsprechend geringer. Dafür ist die Chance größer, dass die Calliope-Ausgänge funktionstüchtig bleiben, wenn auch mal kurzzeitig zwei LEDs an einen Ausgang geklemmt werden.

Präsentation

Zum Abschluss haben die Gruppen ihre Programme am großen Bildschirm vorgestellt. Die Kinder konnten so Unterschiede in der Programmierung feststellen und auch erklären, warum manche Programme nicht funktionieren können. Alle Kinder haben die Herausforderung angenommen und konnten sich als kompetent erleben. Auch die Kinder, die zunächst auf die Hilfe der Lehrkraft und das Legen der Programmstreifen angewiesen waren, konnten am Ende ihr Programm erklären und waren zu Recht stolz darauf.

Technische Hinweise

Die Alarmanlage

Das Auslösen der Alarmanlage erfolgt durch eine Erschütterung des Fahrzeugs. Zum Wahrnehmen

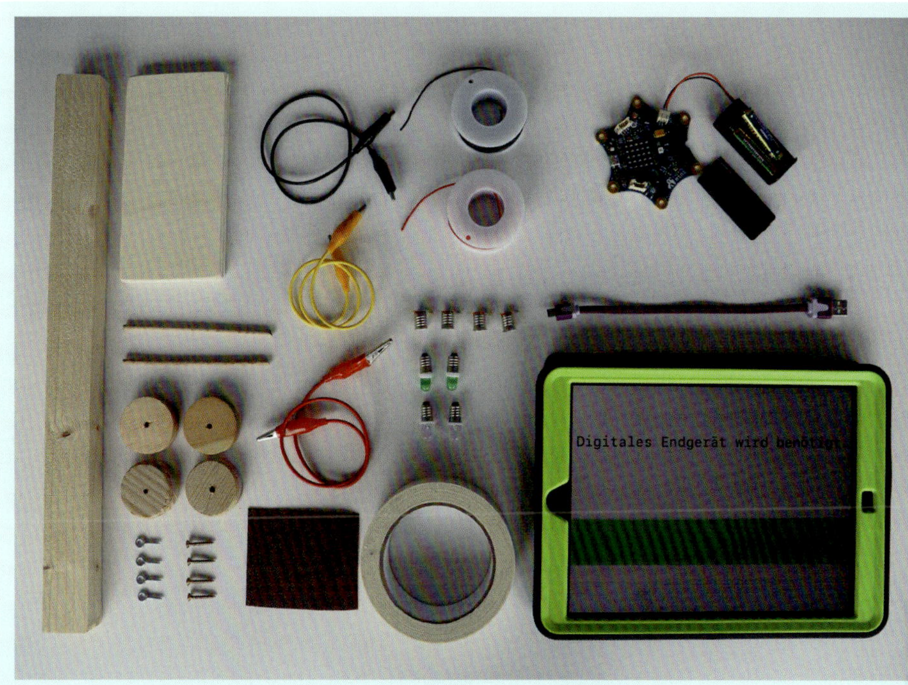

der Erschütterung wird der Beschleunigungssensor des Calliope mini abgefragt.

Der Sensor ermittelt die auf den Calliope mini wirkende Beschleunigung in Milli-g. Die Gesamt-Beschleunigung („Stärke“ im Sensorblock auswählen) beträgt in der Ruhelage etwa 1000 Milli-g, da es sich hier um den Beschleunigungswert der Schwerkraft handelt. Sie wirkt mit der Beschleunigung 1 g dauerhaft auf alle Massen in Bodennähe. Wird der Calliope mini bewegt, erhöht sich die auf ihn wirkende Beschleunigung etwas. Dank dieser Abweichung kann der Sensor ein „Wackeln“ am Calliope mini feststellen. Den genauen Wert (1050 im Beispielprogramm) können die Schüler:innen ihren Vorstellungen nach anpassen. Höhere Werte mindern die Empfindlichkeit der Alarmanlage, da der Calliope mini stärker beschleunigt werden muss, um sie zu erreichen.

Alarm-Programm mit einer blinkenden LED und Tonausgabe (NEPO, erstellt von Lars Pelz)

Material, Werkzeug im Überblick

1. Bau der Befestigung für Calliope mini

Benötigte Werkzeuge (für 32 Kinder):

- 16 Lineale
- 16 Holzklemmen
- 16 Anschlagwinkel
- 16 Feinsägen
- Schleifpapier

Benötigte Materialien (für 32 Kinder):

- pro Kind ein gebautes Fahrzeug aus Holz mit Beleuchtung und Batteriebox
- Lattenreste, die sich die Kinder zurechtsägen können
- Holzleim
- Bleistift

2. Erstellen des Programms im NEPO

- 16 Tablets oder PCs
- 16 Calliope mini mit Batteriebox, Batterien
- Holzfahrzeuge der Kinder mit Beleuchtung

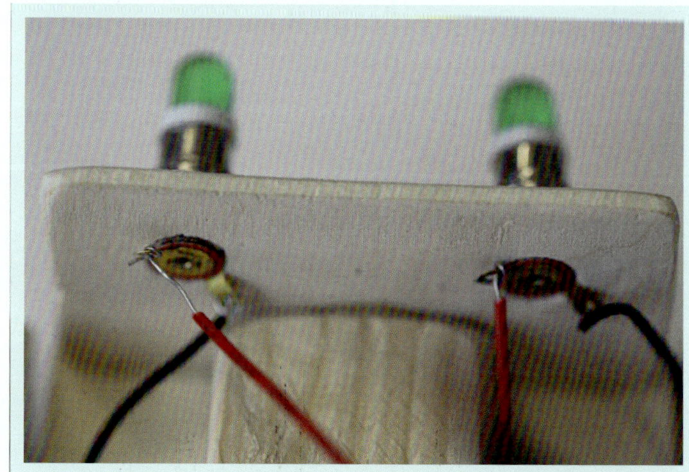

Hilfen und Tipps zum Programmieren des blinkenden Autos

Grundlagen der Programmierung des Calliope mini zur Steuerung von LEDs

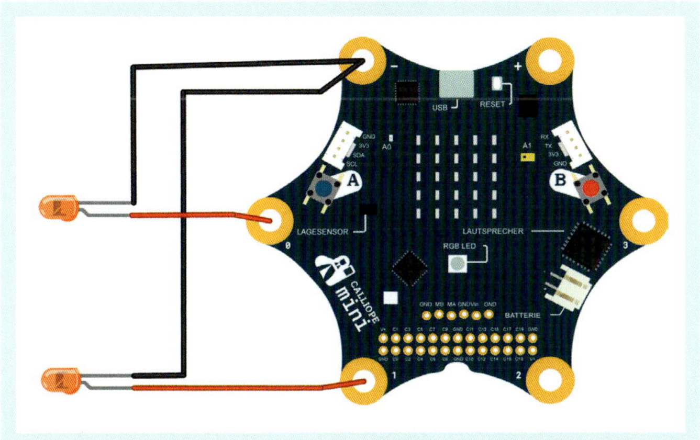

Verbinden von zwei LEDs mit dem Calliope mini

Im NEPO muss der Calliope mini zur Verwendung der LEDs konfiguriert (d. h. eingestellt) werden. Die Einstellungen finden Sie im Reiter „Roboterkonfiguration“ über dem Programmierbereich. Fügen Sie dort bitte die folgenden Digital-Aktoren hinzu. Achten Sie darauf, dass jeder Aktor mit einem anderen Pin verbunden ist. Sie können mit einfachen Mitteln maximal vier LEDs mit dem Calliope mini verbinden.

Zum Testen der Einstellungen kann ein Programm verwendet werden, welches eine LED blinken lässt. Dafür wird der Digital-Aktor A2 (siehe oben) durch das Schreiben einer 1 eingeschaltet und durch das Schreiben einer 0 ausgeschaltet. Laut der Konfiguration wirkt Aktor A2 auf Pin 0 des Calliope mini. Wenn am Pin 0 eine LED angeschlossen ist, wird das An- und Ausschalten als Blinken sichtbar.

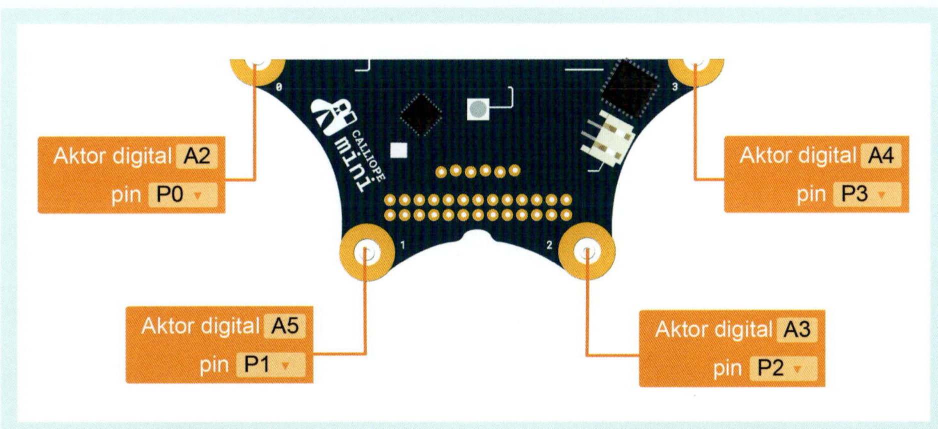

Einstellungen für LED-Benutzung in der Roboterkonfiguration (NEPO, erstellt von Lars Pelz)

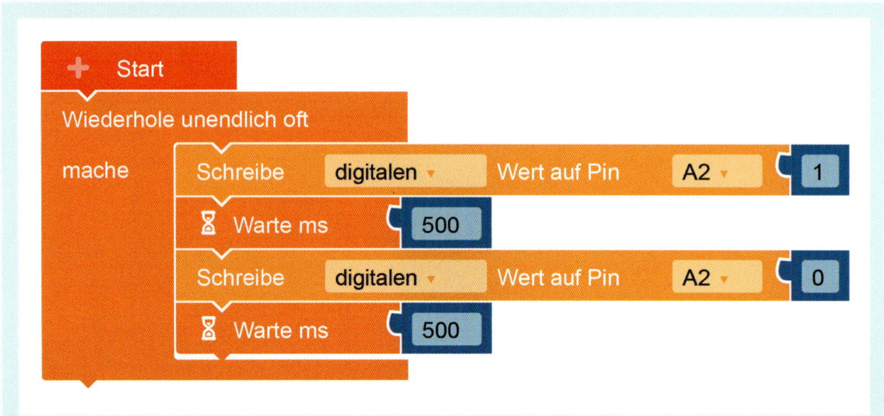

Testprogramm für LED-Anschlüsse (NEPO, erstellt von Lars Pelz)

Achtung: Die Steuerbefehle für Pins finden sich bei der V2 nur in der Expertenauswahl (☆2) unter Aktion → Pin.

Vorbereitung des Calliope mini

- Einrichtung einer Klassengruppe online in NEPO
- Konfiguration der Aktoren in einem „Leerprogramm". Dieses wird exportiert und den Kindern zur Verfügung gestellt. Vorteil: Der Schritt der Konfiguration der Aktoren entfällt.
- Die Kinder können ihre Programme in der Klassengruppe abspeichern.
- Der Calliope mini wird mit den Lichtern des Fahrzeugs verbunden. Dabei wird jeweils eine LED mit ihrer Anode (positiver Anschluss) an einen Pin angeschlossen. Alle Kathoden (negativer Anschluss) der LEDs werden gemeinsam mit dem Minuspol am Calliope mini verbunden.

Code erstellen
ROBOTERKONFIGURATION Alarm
Start
Wiederhole unendlich
mache

Übertragung 79%

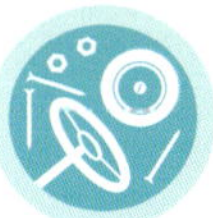

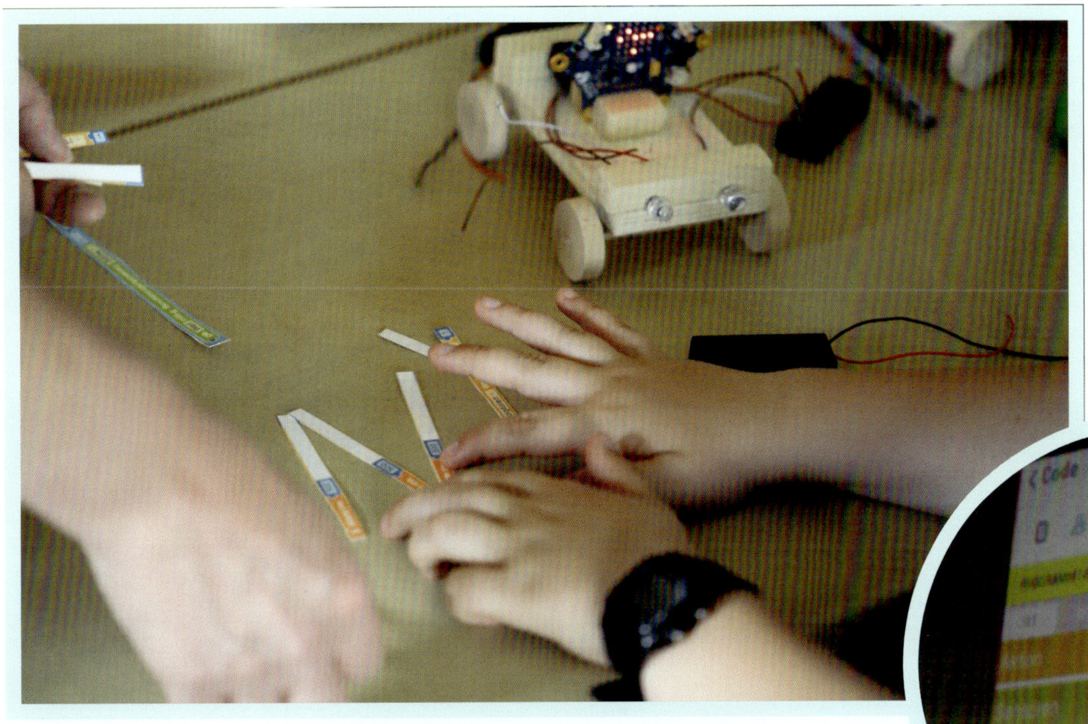

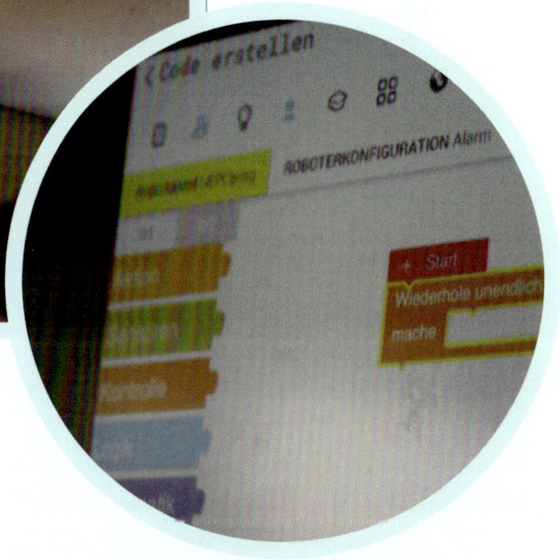

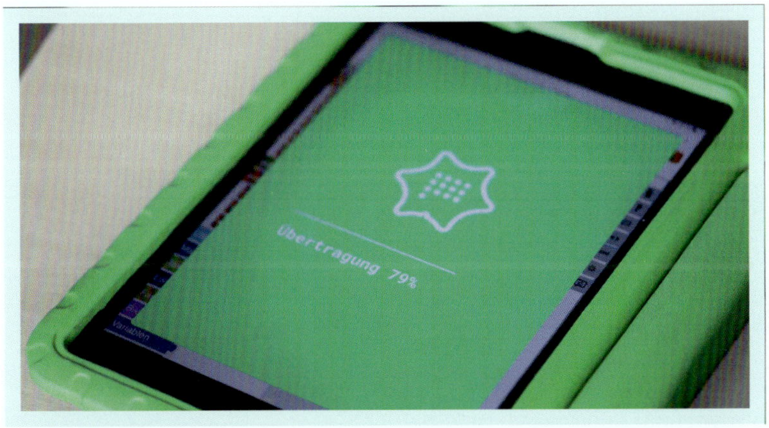

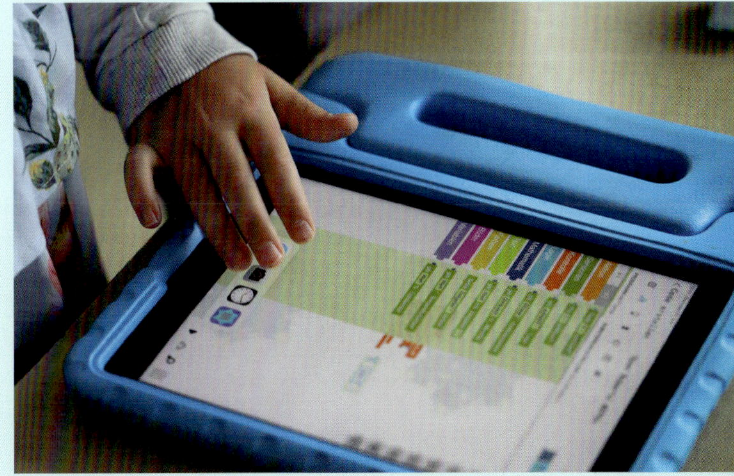

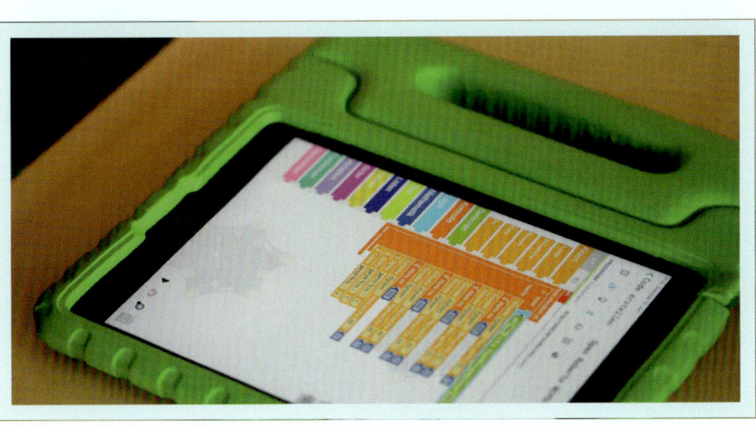

Mögliche Verlaufsplanung

Zeit und Sozial-/ Arbeitsform	Lehrkraft – Schülerinnen und Schüler	Material und Medien
5 bis 10 Min./ Gesprächskreis	**Einstieg/Orientierung** Die Lehrkraft hat im Kreis ein beleuchtetes Grundmodell stehen: „Ihr habt euer Fahrzeug beleuchtet. Heute wollen wir die Fahrzeuge mit einem zusätzlichen Alarm gegen Diebstahl sichern. Welche Möglichkeiten haben wir?" Mögliche Antworten: • Sobald jemand an das Auto geht, entsteht ein lauter Alarmton. • Die Lampen des Autos fangen an zu blinken. Die Lehrkraft nimmt die Idee der blinkenden Lampen auf: „Woher weiß das Auto, dass der Alarm losgehen muss?" • Der Fahrer hat die Alarmanlage eingeschaltet. • Das Auto ist angefasst worden. Es hat sich bewegt. „Was müssen wir machen, damit wir eine Alarmanlage bei unserem Fahrzeug einschalten können, die merkt, dass das Fahrzeug bewegt wurde?" • Wir können einen Calliope mini programmieren und auf dem Fahrzeug befestigen. „Wie gehen wir vor?" „Was machen wir zuerst?" • Halterung für Calliope mini auf der Karosserie Mit einem kleinen Holzstück können wir den Calliope mini genauso befestigen, wie schon die Batteriebox. • Anschließen der LEDs am Calliope mini Die Lehrkraft erklärt, dass bei Calliope mini nur die Pins 0 - 3 programmiert werden können. „Wie schließe ich eine LED an Calliope mini an?" Ich muss den Minus-Pol der LED an den Minus-Pin des Calliope mini anschließen und den Pluspol an Pin 0 • Schreiben des Programms	• Beleuchtetes Holzfahrzeug • Bild Calliope mini vergrößert • Bezeichnung der Pins sind farbig hervorgehoben
20–30 Min./ Einzelarbeit, Partnerarbeit	**Orientierung:** „Bevor wir mit dem Programmieren beginnen, müssen wir den Calliope mini mit Batteriefach auf unseren Fahrzeugen befestigen. Sobald du damit fertig bist, schließe die LEDs an den PINs 0 - 3 an." Jedes Kind sägt ein kleines Leistenstück und befestigt es mit Leim an der Karosserie als Halterung für Calliope. Es nutzt dabei die gleiche Vorgehensweise wie bei der Befestigung des Batteriekastens.	• Holzleisten • Holzklemmen • Feinsäge • Schleifpapier • Leim • Calliope mini

Zeit und Sozial-/ Arbeitsform	Lehrkraft – Schülerinnen und Schüler	Material und Medien
10–15 Min./ Gesprächskreis, Kinositz	**Orientierung/Aufgabenstellung** „Nun wollen wir das Programm für den Calliope mini schreiben. Was soll der Calliope mini tun?" • Die Lichter sollen blinken, wenn das Auto bewegt wird. „Wie oft soll er es machen?" • Solange er/das Auto bewegt wird • **Wenn** das Auto bewegt wird, **dann** sollen die Lichter blinken. „Welche Kategorie und Befehle brauchen wir dafür?" • Kontrolle: Schleife *Wiederhole unendlich oft mache* • Kontrolle: Entscheidung *Wenn mache* Der Anfang des Programms wird gemeinsam erarbeitet. Folgende Befehle werden dabei eingeführt: Befehl Logik: __>__ Mathematik *0* Befehl Sensoren: *Gib Wert milli-g Beschleunigungssensor Stärke* Befehl Aktion: Pin *Schreibe digitalen Wert auf Pin A2* Die Bedeutungen der Zahlen 1 und 0 für die Zustände des Pins werden gemeinsam geklärt: 1 = eingeschaltet, 0 = ausgeschaltet.	• großer Bildschirm oder Beamer Alternativ: • NEPO Kontrolle und Aktionskarten magnetisch für die Tafel
35 Min./ Partnerarbeit	Die Kinder schreiben zusammen mit einem Partnerkind ein entsprechendes Programm. • Die Lehrkraft gibt Hilfestellungen: Impuls: „Erkläre mir, was dein Programm macht. Was macht dein Auto nach diesem Befehl? Was soll passieren?" • Bei Bedarf erhalten einzelne Gruppen „Programmstreifen", die sie in eine logische Reihenfolge bringen müssen. Nachdem ihnen dies gelungen ist, schreiben sie das Programm am PC/iPad Mögliche Differenzierung für schnelle Kinder: • Programmiere Alarmtöne. • Programmiere Calliope mini so, dass der Bildschirm ein Gesicht anzeigt, wenn der Alarm ausgelöst wird.	• Holzfahrzeuge der Kinder • Calliope mini mit Batteriebox • iPads oder PC • Programmstreifen (Differenzierung)
10 Min./ Gesprächskreis	**Reflexion** Einzelne Kinder stellen ihre Programme vor. Welches Programm funktioniert, welches nicht? Warum?	• Bildschirm oder Beamer • Programme der Kinder

Sequenz 8a:
Bau des Geschicklichkeitsspiels „Der heiße Draht“

Thorsten Kirste, Ingo Herrmann
und Stefan Hennings

Zeitrahmen:
Umfang ca. 2 Doppelstunden

Vorgeschlagene Klassenstufe:
ab Klasse 3

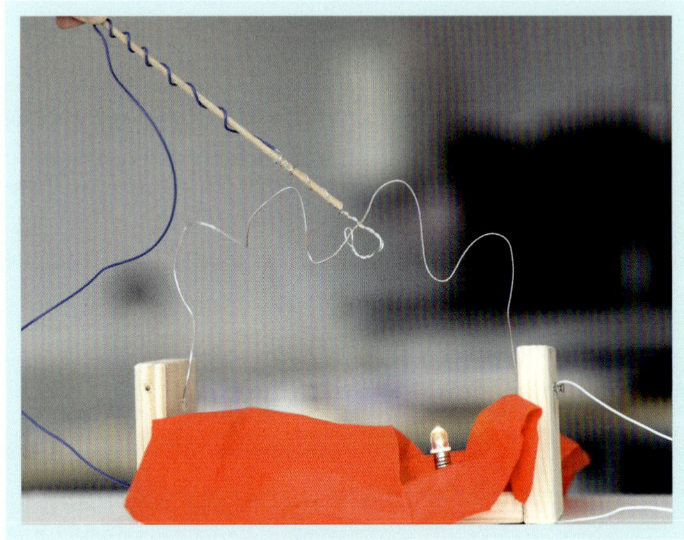

Kinder erfinden technische Lösungen beim Bau eines Spiels

Das Erfinden technischer Lösungen kann am Beispiel des Nacherfindens des Spiels „Der heiße Draht“ in der dritten und vierten Klassenstufe unter den Aspekten „geschlossener und offener Stromkreis“ erarbeitet werden. Die Kinder durchlaufen dabei wichtige Schritte eines technischen Problemlöseprozesses wie Planen / Entwerfen, Konstruieren / Bauen, Erproben / Testen, Montieren / Demontieren, Bewerten und Verbessern / Optimieren. Die Unterrichtsidee zeigt, dass Kinder dabei vielfältige technische Grunderfahrungen machen.
Mögliche Lösungsbeispiele für das Geschicklichkeitsspiel „Der heiße Draht“ (ohne und mit Blackbox) zeigen die beiden Fotos.

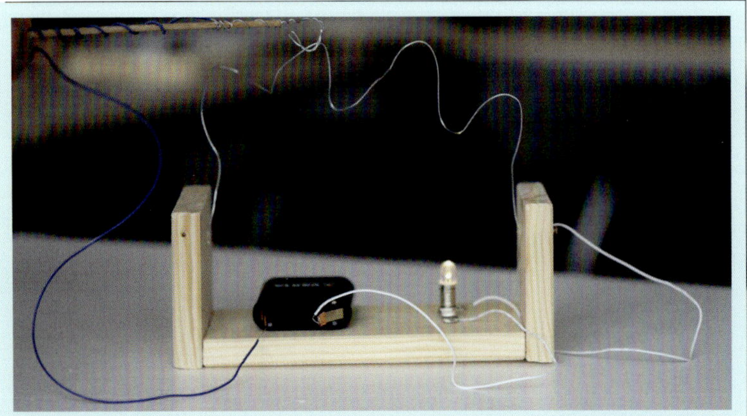

Ziel der Unterrichtssequenz

Die Kinder sollen in dieser Sequenz das Spiel „Der heiße Draht“ fertigen bzw. konstruieren. Es ist ein Geschicklichkeitsspiel, bei dem eine Drahtschleife so schnell wie möglich entlang eines gebogenen Drahtes geführt werden muss, ohne dass beide sich berühren, sonst erscheint ein Signal (visuell/akustisch) mit und ohne Calliope mini. Der Calliope mini kann hierbei durch Programmierung als Zeitmesser und Berührungszähler in unterschiedlichen Variationen genutzt werden (siehe nächste Sequenz).

Kurzbeschreibung der Sequenz

Beim Bau des Spiels können je nach Vorerfahrungen und Lernausgangslagen der Schüler:innen verschiedene Vorgehensweisen gewählt werden. Wird ein Black-Box-Modell eines „Heißen Drahtes“ gewählt, antizipieren die Kinder den Bau sowie die Funktionsweise und setzen in einem problemorientierten Vorgehen eine Nacherfindung des Spiels um. Zur Differenzierung könnte auch eine Vorgangsbeschreibung (Bauanleitung) zur Verfügung gestellt werden.

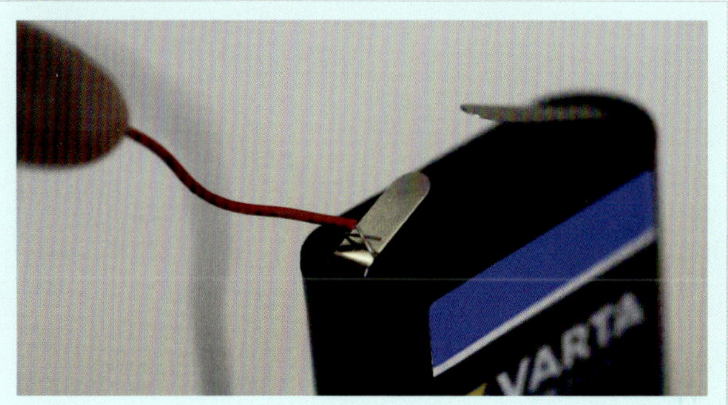

Benötigte Vorkenntnisse der Schüler:innen:
- Leiter/Nichtleiter
- Einfacher und erweiterter Stromkreis (Reihen- und Parallelschaltung)
- Werkzeugführerschein A und B/Umgang mit grundlegenden Holzbearbeitungswerkzeugen

Benötigte Werkzeuge:
- Hammer
- Feinsäge
- Anschlagwinkel
- Lineal
- Kneifzange
- Abisolierzange
- Schleifpapier
- Schleifklotz
- Nagelbohrer
- Handbohrer
- Schraubendreher
- Spitzer

Benötigte Materialien:
- Grundbrett (z. B. Fichtenbrett ca. 500 mm x 100 mm x 20 mm)
- Rundstab/Dübel ca. 4 mm (für Halterung der Batterie und des Calliope mini)
- Holzleim
- Y-Draht/Klingeldraht
- Batterie
- Schrauben
- Fassung E10
- Leuchtmittel E10
- Krokodilklemmen
- Kupferdraht Querschnitt 2,5 mm^2
- Isolierband/Klebeband

Bauanleitung

1. Auf der Grundplatte mit Lineal und Anschlagwinkel die Sägelinie anreißen.
2. Die Grundplatte auf der Abfallseite auf Maß sägen.
3. Die Oberfläche der Grundplatte und die Kanten mit dem Schleifpapier glätten.
4. Positionen des Drahtes, der Fassung und der Batterie anzeichnen.
5. Mit dem passenden Nagelbohrer die Löcher für den Draht links und rechts sowie die Löcher für die Fassung des Leuchtmittels bohren.
6. Mit dem passenden Handbohrer die Löcher für die Rundhölzer bzw. Holzdübel bohren.
7. Auf dem Rundholz zehn Halterungen (d. h. Holzdübel) anreißen (Länge ca. 30 mm).
8. Mithilfe der Kneifzange die Halterungen vom Rundholz abtrennen.
9. Halterung/Dübel anspitzen und mit wenig Holzleim, leicht mit dem Hammer einschlagen.
10. Fassung mit passenden Schrauben befestigen und Leuchtmittel einsetzen.
11. Den Kupferdraht beliebig so biegen, dass die Enden senkrecht zur Grundplatte in die Bohrlöcher passen (Loopings sind ungeeignet).
12. An beide Enden eines 150 mm langen Kupferdrahts eine Öse mit einem Durchmesser von ca. 10 mm bis 15 mm biegen.
13. Die Enden des gebogenen Kupferdrahtes in die Grundplatte stecken und die Start- und Endposition mit Klebeband/Isolierband isolieren (umwickeln).
14. Die Batterie einsetzen und mit den Krokodilklemmenkabeln den Stromkreis aufbauen.
15. Die Funktion testen.

Sequenz 8b:
Anti-Schummel-Programm für das Spiel „Der heiße Draht“ durch Programmierung

Thorsten Kirste und Lars Pelz,
Tippkarten: Anne Kothe und Michael Wittwer

Zeitrahmen:
Umfang ca. 1 Doppelstunde

Vorgeschlagene Klassenstufe:
ab Klasse 3

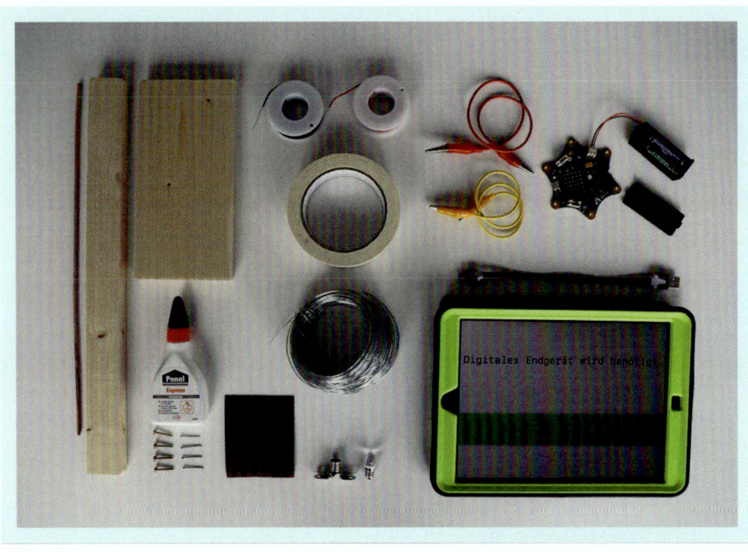

Kinder nutzen den Calliope mini für eine Alarmanlage zu ihrem Spiel

Die Schüler:innen erarbeiten als Erweiterung ihres Spiels „Der heiße Draht“ ein digital gestütztes „Anti-Schummel-Programm“. Die Kinder durchlaufen dabei wichtige Schritte eines technischen Problemlöseprozesses wie Planen / Entwerfen, Konstruieren / Bauen, Erproben / Testen, Montieren / Demontieren, Bewerten und Verbessern / Optimieren. Die Unterrichtsidee zeigt, dass Kinder dabei vielfältige technische Grunderfahrungen machen und zur Erweiterung des Spiels ein digitales Tool nutzen.

Ziel der Unterrichtssequenz

Die Kinder nutzen ihre Kenntnisse, um ein Anti-Schummel-Programm für ihr Spiel zu programmieren.

Kurzbeschreibung der Sequenz

Die Kinder haben in einen problemlösenden und entdeckenden Lernprozess die Grundlagen zum elektrischen Strom angewendet, um das Geschicklichkeitsspiel „Der heiße Draht“ zu bauen. Dabei kamen die Werkzeuge zum Einsatz, die sie bereits im Werkzeugführerschein A und B kennengelernt haben. Alternativ könnte eine Umrissfigur aus Sperrholz beleuchtet werden, beispielsweise ein Stern oder ein beleuchteter Weihnachtsbaum.
Beim jährlichen Klassenfest präsentieren die Kinder ihre Spiele und natürlich werden diese auch eifrig gespielt. Beim Zählen der Berührungen (Aufleuchten der LED) kommt es immer wieder zu Streit. Kann es eine Möglichkeit geben, die Berührungen automatisch zu erfassen?
Da die Kinder bereits über Erfahrungen mit dem Calliope mini verfügen, drängt sich schnell die Vermutung auf, diesen Mikrocontroller für die Kontrolle zu nutzen. Je nach Vorerfahrung und Sicherheit im Umgang mit dem digitalen Tool machen sich die Kinder an das Einbinden des Calliope mini und die Programmierung. Stolz präsentieren die Kinder ihre Ergebnisse und erproben die Spiele. Leitende Impulse der Abschlussreflexion: Welche Steuerung hast du gewählt? Warum?

Erweiterung des Geschicklichkeitsspiels durch Programmierung
Der Calliope mini soll auf einen Kontakt des Handgriffs mit dem „heißen Draht“ reagieren.
Dazu wird der von der/dem Spieler:in geführte Handgriff mit einem Pin verbunden (in der Grafik S. 77: Pin 3). Der starre Draht wird mit Masse (Kontakt „Minus“) am Calliope mini verbunden. Berührt der/die Spieler:in mit dem Handgriff den starren Draht, wird

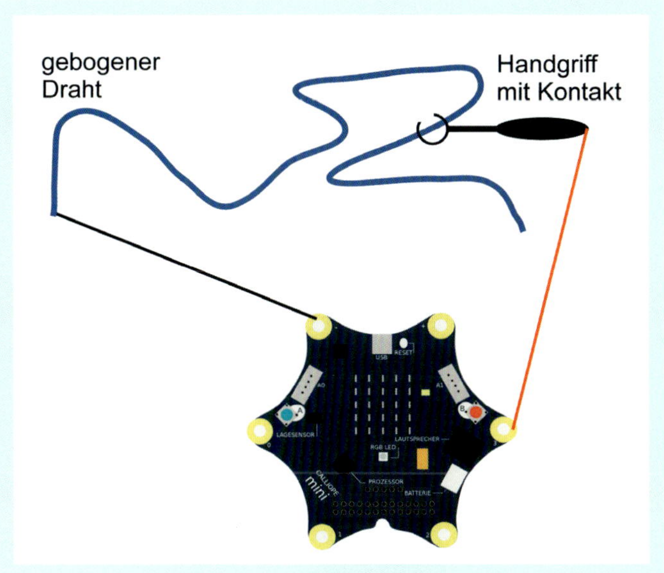

Anschluss des Calliope mini an den „Heißen Draht" (Lars Pelz)

Einfaches Programm für den „Heißen Draht" (NEPO, erstellt von Lars Pelz)

der Stromkreis zwischen Pin und Masse geschlossen. Dadurch wird die Abfrage wahr, ob Pin 3 gedrückt ist (grüner Block im Programm).

Mit diesem Programm lässt sich die grundsätzliche Funktion des Aufbaus testen. Es sind viele Erweiterungen denkbar:

- Zählen der Anzahl der Kontakte: „Der Draht darf höchstens dreimal berührt werden."
- Überwachen einer Zeitvorgabe: „Du hast 10 Sekunden Zeit, um den Draht ohne Berührung entlangzuwandern."
- Automatische Zeitnahme: Spieler:in berührt einen weiteren Kontakt am Ende der Drahtbahn, um das Erreichen des Ziels zu markieren
- Funkübertragung des Spielergebnisses an einen anderen Calliope mini oder einen PC

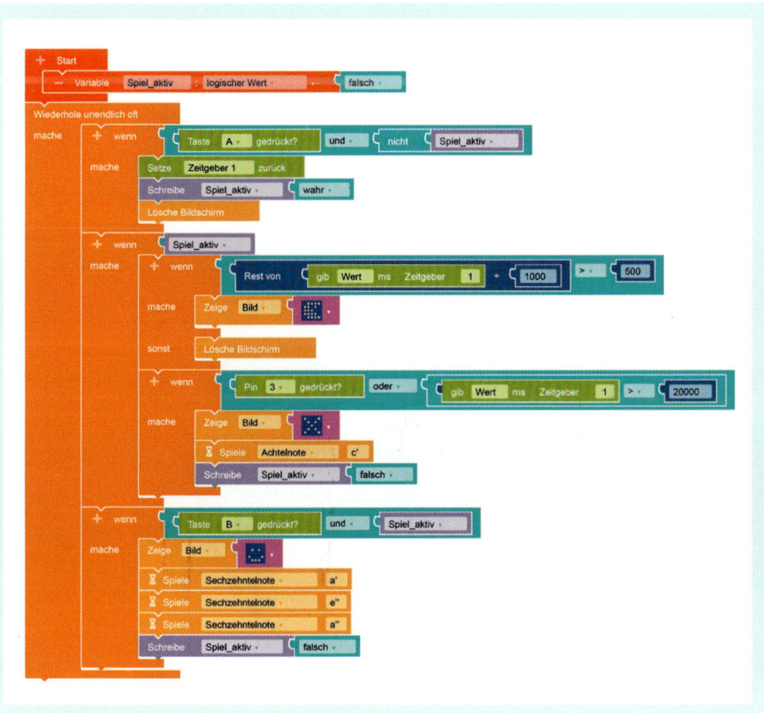

Eine mögliche Lösung für die Zeitüberwachung ist hier gegeben. Die/der Spielleiter:in startet das Programm mit der Taste A, woraufhin dem/der Spielenden die verbleibende Zeit angezeigt wird. Berührt die/der Spielende den Draht, ist das Spiel verloren. Schafft die/der Spielende den Durchgang nicht in der verfügbaren Zeit, ist das Spiel auch verloren. Ist noch Zeit übrig, wenn die/der Spielende das Ende erreicht, so stoppt die/der Spielleiter:in das Spiel mit der Taste B. Die verbleibenden Sekunden können der/dem Spielenden als Punkte gutgeschrieben werden.

Programm für „Heißen Draht" mit Zeitanzeige und Stopp nach 20 Sekunden (NEPO, erstellt von Lars Pelz)

Tippkarten für den „Heißen Draht“ 1

Zwei mögliche Lösungen

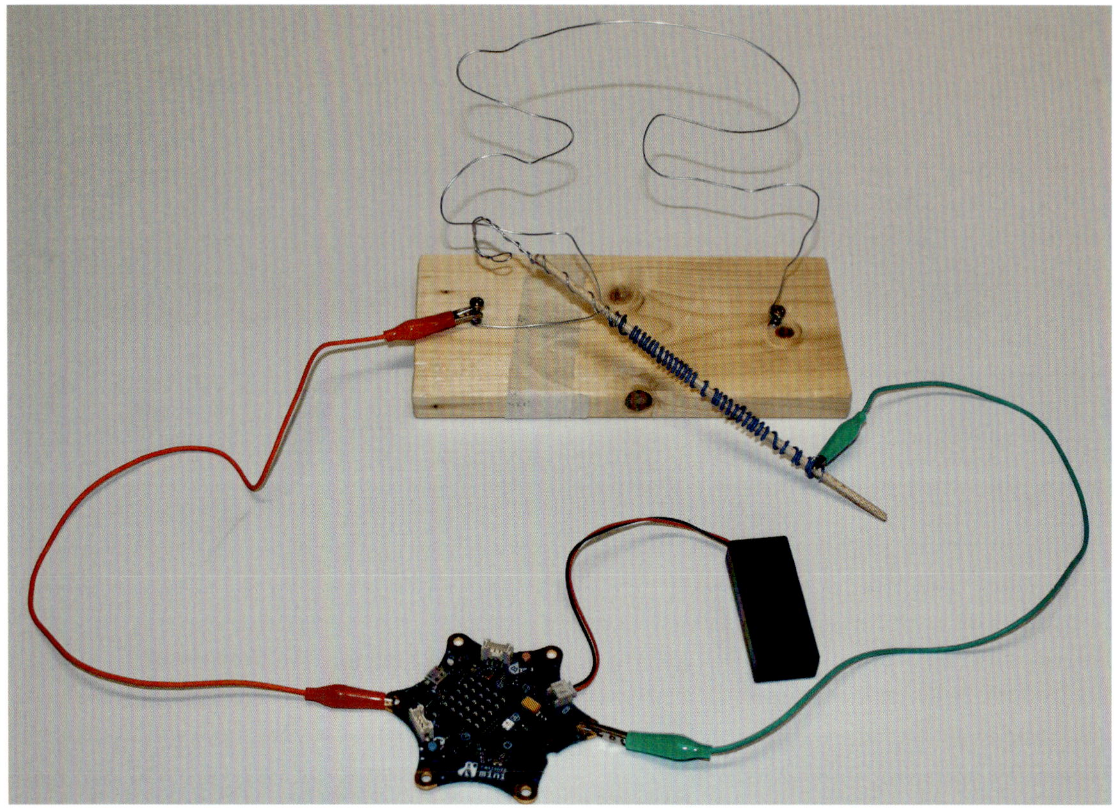

Tippkarten für den „Heißen Draht“ 2

TIPP 1: Ton

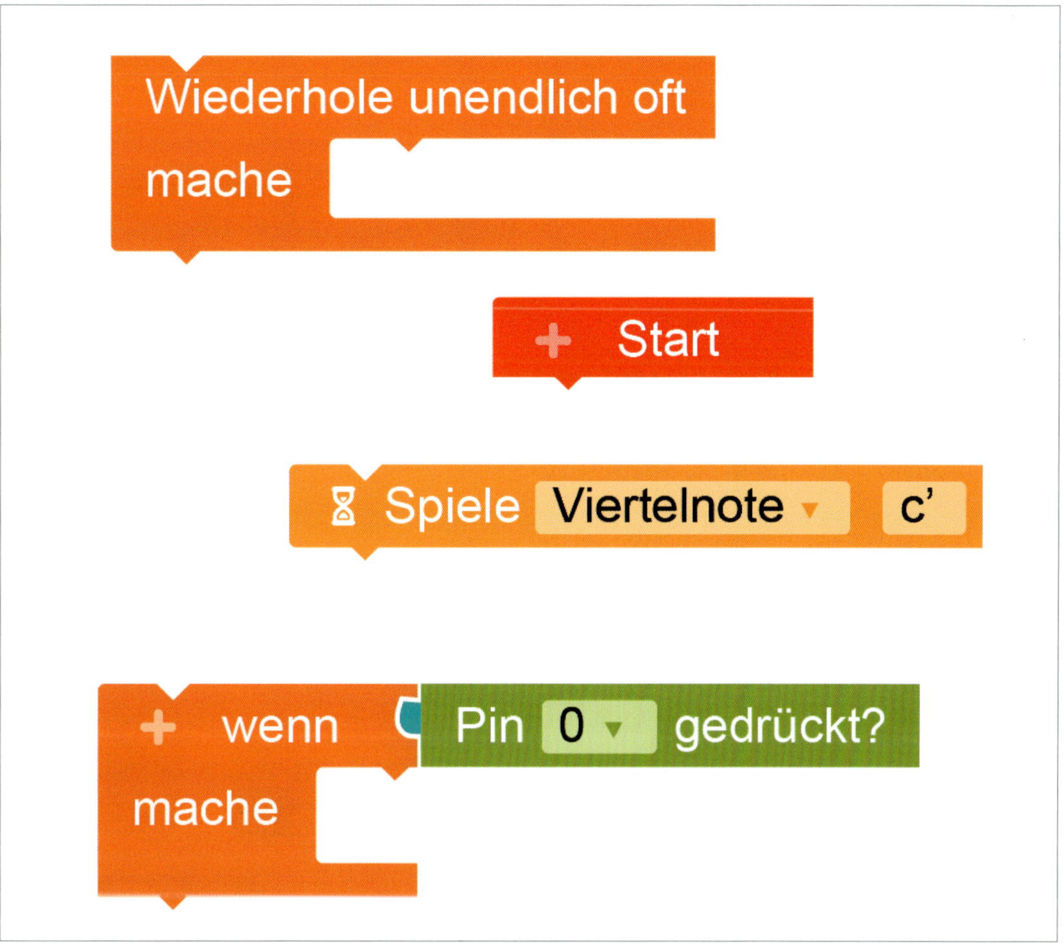

Tippkarten für den „Heißen Draht“ 3

TIPP 2: Ton

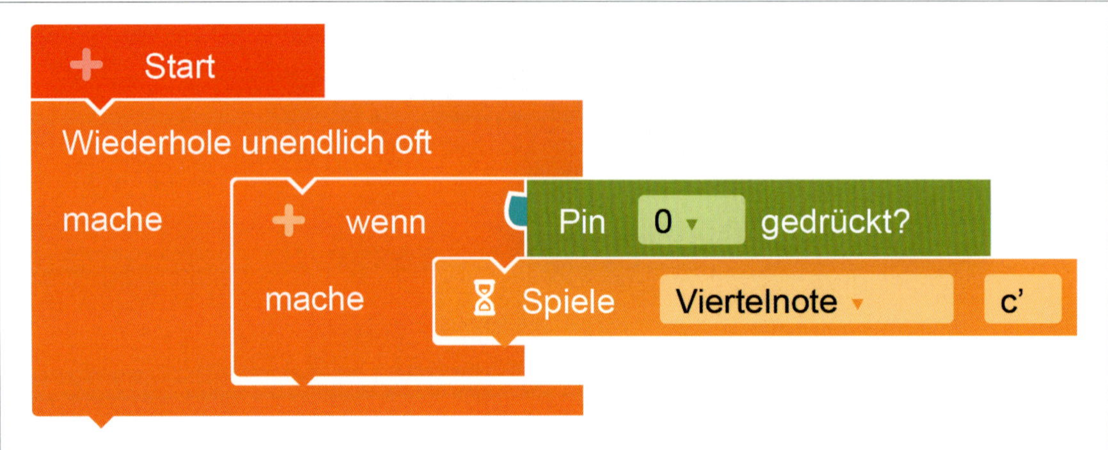

TIPP 1: Zähler

Wiederhole unendlich oft
mache
Zeige Text
wenn
mache
Start
Variable Anzahl : Zahl ← 0
Pin 1 gedrückt?
Schreibe Anzahl Anzahl + 1

Tippkarten für den „Heißen Draht“ 4

TIPP 2: Zähler

Start
Variable Anzahl : Zahl ← 0
Anzahl
Wiederhole unendlich oft
mache
wenn
mache
Schreibe Anzahl
Anzahl + 1
Zeige Text
Pin 1 gedrückt?

TIPP 3: Zähler

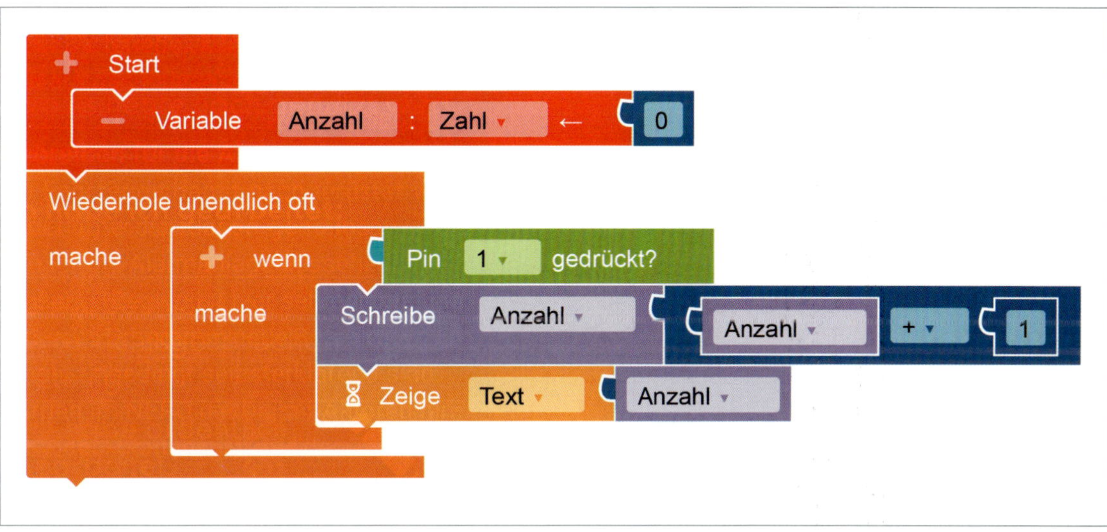

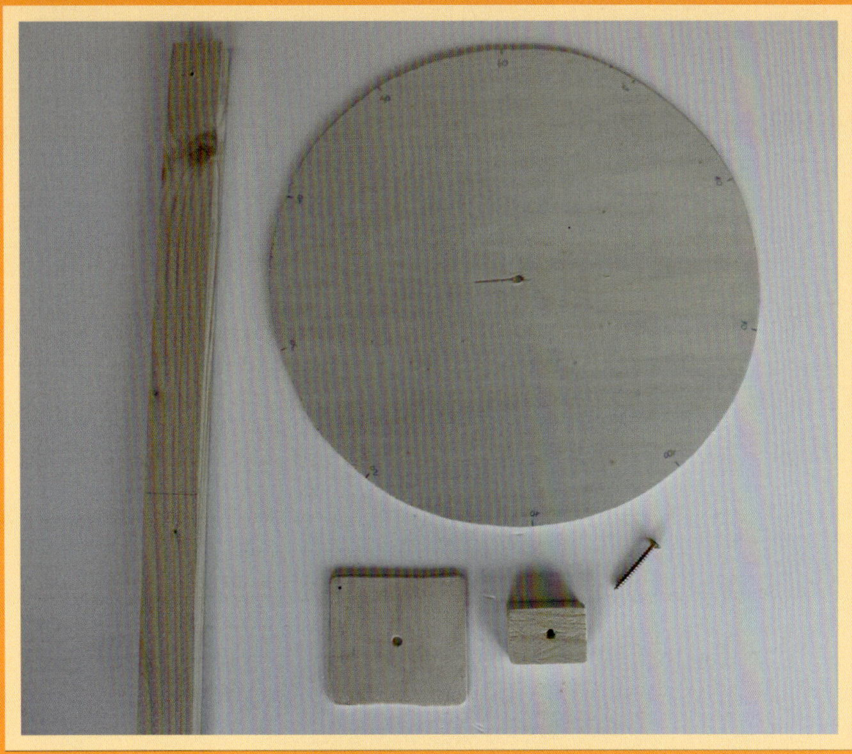

CALLIOPE
mini

Kompetenzbereich 3

Bewerten technischer Entwicklungen

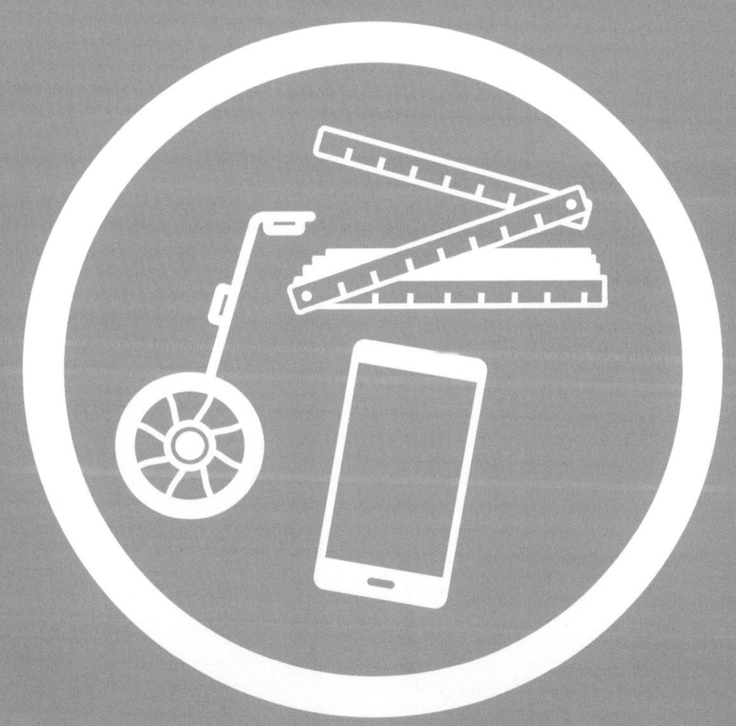

Sequenz 9a:
Bau eines Messrades

Claudia Tenberge, Selbsteinschätzungsbogen:
Ulrike Austermann und Berenike Gais

Zeitrahmen:
Umfang ca. 2 Doppelstunden

Vorgeschlagene Klassenstufe:
ab Klasse 3

Kinder erfahren, wie sie mit einem Messrad „krumme" Linien messen können

Die Schüler:innen entwickeln eine Idee für das Messrad und bauen es aus Holz.

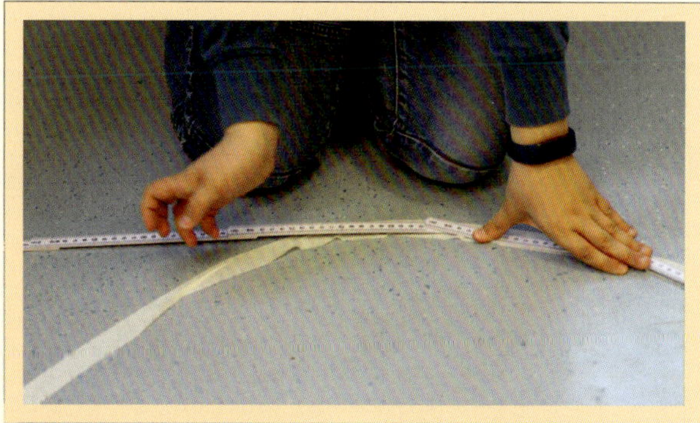

Kurzbeschreibung der Sequenz

Auf dem Schulhof ist von der Lehrperson mit Kreide ein riesiger Dinosaurier aufgezeichnet worden. Die Kinder des dritten oder vierten Jahrgangs überlegen, wie sie ausmessen könnten, wie groß der Umfang des Dinos ist.

Die Kinder erfassen das Problem und entwickeln erste Lösungsvorschläge. Ein starrer Zollstock erweist sich für die krummen Linien als ungeeignet. Erst mit einem Band den Umriss abzuspannen und anschließend auszumessen, scheint sehr ungenau zu sein. Damit ist ein erster Schritt des Unterrichts erfolgt, das Problembewusstsein der Kinder zu entwickeln und ihr Vorwissen zu aktivieren.

Schließlich schlägt ein Kind vor, man könne doch eine Art Messrad, wie es im Straßenverkehr von der Polizei genutzt wird, bauen. Da die Kinder bereits die Werkzeugführerscheine A und B erworben haben, sind sie mit Begeisterung dabei. Sie wollen ein Messrad aus Holz bauen.

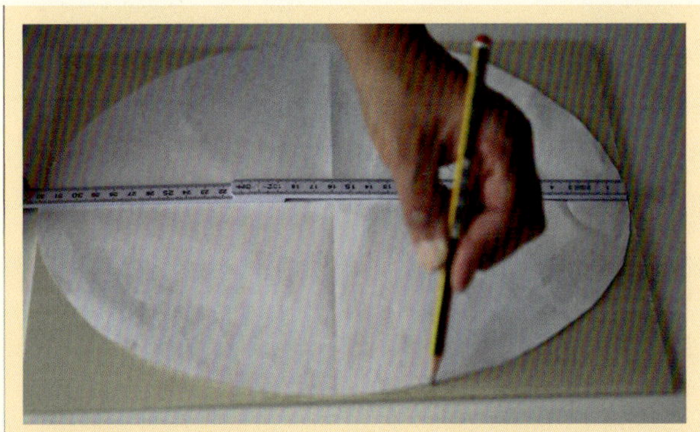

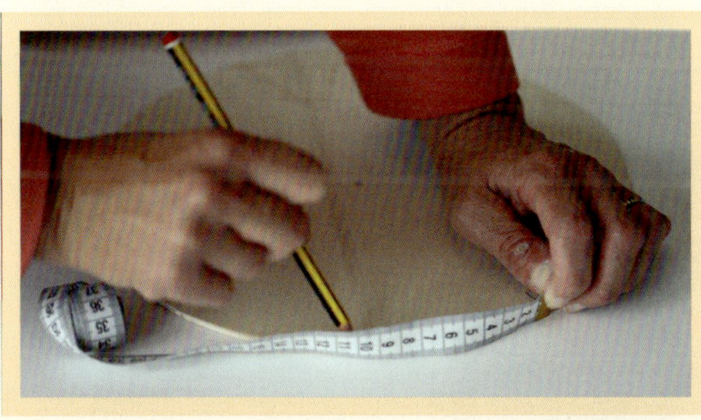

Der Unterricht gliedert sich in weitere drei Abschnitte:

- Ein funktionstüchtiges Messrad aus Holz bauen und erproben
- Das Messrad bewerten und bei Bedarf verbessern
- Die Ergebnisse dokumentieren und reflektieren

Je nach Vorerfahrungen der Kinder können anhand eines fertigen Messrades im Kreisgespräch die Konstruktion nachentwickelt und die einzelnen Arbeitsschritte abgeleitet werden. Alternativ kann eine Bauanleitung zur Verfügung gestellt werden. Es gilt, eine runde Scheibe auf einer Sperrholzplatte mit einer Schablone anzuzeichnen und auszusägen. Wie kann der Mittelpunkt gefunden werden? Eine Schablone aus Papier wird zweimal (Kante auf Kante) gefaltet. Der Schnittpunkt stellt den Mittelpunkt dar. Er wird mit einem Nagel angezeichnet – schließlich soll das Messrad später nicht eiern.
Mithilfe einer Schraube wird die Scheibe am Stab fixiert, ein Abstandshalter aus Holz kann stabilisieren, und mit einer Unterlegscheibe wird die Reibung bei der Drehung minimiert. Eine farbige Markierung am Rand hilft zu erkennen, wann eine ganze Umdrehung erfolgt ist und damit 1 m gemessen wurde.

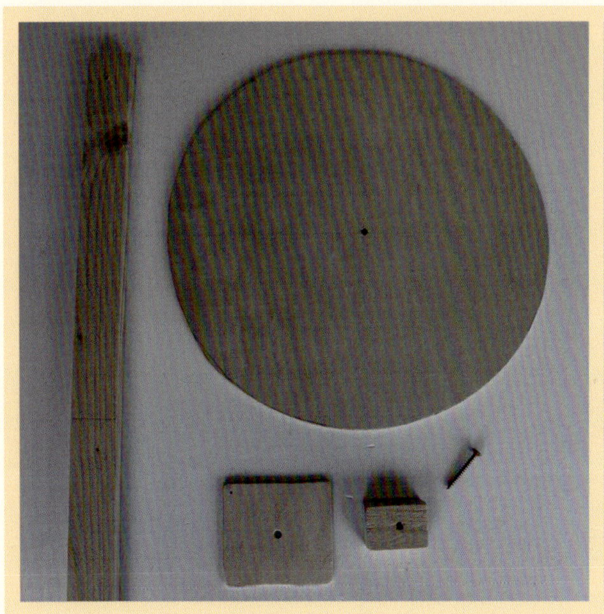

Schon ergibt sich die Frage nach der Erfassung kleinerer Strecken. Die Kinder überlegen, wie sie eine Einteilung finden könnten. Ideen werden ausgetauscht. Schließlich wird ein Maßband eingesetzt. In Partnerarbeit unterstützen sich die Kinder. Während ein Kind das Maßband außen um die Scheibe führt, zeichnet das andere die 10-cm-Abstände an. Doch Vorsicht ist geboten: Beim Ablesen der zu messenden Strecke kann es passieren, dass die Richtung beim Abrollen nicht beachtet wird. So kann es vorkommen, dass 10 cm statt 90 cm abgelesen werden.

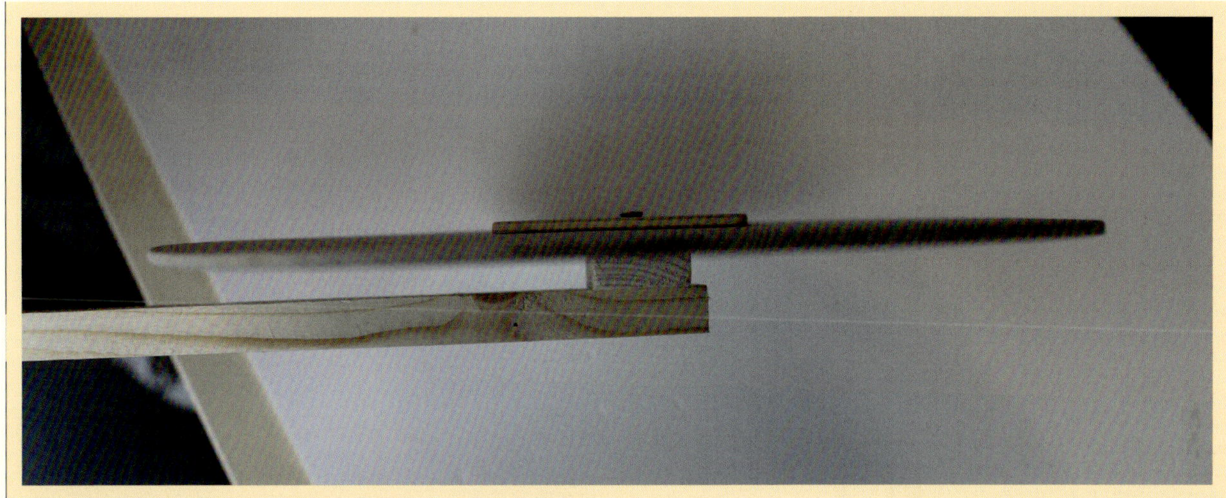

Eine Zwischenreflexion regt an, zusammenzufassen was bisher erreicht wurde:

- Welche Schwierigkeiten traten auf?
- Wie wurden sie gelöst?

In einem nächsten Schritt überlegen die Kinder, ob sie ihr Messrad noch weiterentwickeln können. Das optische Ablesen der Messwerte könnte durch ein akustisches Signal ergänzt werden. Das Erfinden einer Lösung für einen Klackmechanismus stellt für die Kinder in der Regel eine sehr große und komplexe Herausforderung dar. Es empfiehlt sich hier, eine Bauanleitung für eine mögliche Lösung bereitzuhalten.
Für die Dokumentation fertigt jedes Kind eine beschriftete Zeichnung seines Messrades an.

Die Kinder erleben, dass viele Zwischenlösungen wieder neue Probleme mit sich bringen. Während der Arbeitsprozesse unterstützen sich die Kinder gegenseitig. Am Ende kann jedes Kind ein Messrad mit Klackmechanismus mit nach Hause nehmen und die Frage beantworten: „Wie kann ich bloß krumme Linien messen?“

Der Unterrichtsvorschlag basiert auf folgender Quelle

- Austermann, U./Gais, B. & C. Tenberge (2021): Wie lang ist der Dinosaurier? Entwicklung eines Messrads zum Messen gekrümmter Linien. In: Möller, K./Tenberge, C. & M. Bohrmann (Hrsg.): Die technische Perspektive konkret. Begleitband 5 zum Perspektivrahmen Sachunterricht. Bad Heilbrunn, S. 35 – 50.

Bauanleitung Messrad

(Entwickelt von Berenike Gais und Ulrike Austermann, In: Möller, K./Tenberge, C. & M. Bohrmann (Hrsg.): Die technische Perspektive konkret. Begleitband 5 zum Perspektivrahmen Sachunterricht. Bad Heilbrunn: Klinkhardt, S. 48–49)

Material (möglichst je Kind, damit das Messrad mit nach Hause genommen werden kann):

- Rad oder Platte aus ca. 5 mm starkem Pappelsperrholz (33 x 33 cm)
- Holzleiste (Länge mind. 50 cm, 2 x 2 cm)
- kleine Kreuzschlitz-Schrauben (3 x 16) bzw. kleine Nägel (15–20 mm) für den Klackmechanismus
- 1 große Schraube (3 x 30) zum Befestigen des Stabes an der Scheibe (ggf. Verwendung entsprechender Unterlegscheiben für die Minimierung der Reibung bei der Drehung)
- Joghurtbecherstreifen und/oder Alublechstreifen (ca. 1,5 x 4 cm)

Weiterhin:

- 1 Kreisschablone aus Tonpapier (evtl. mit markiertem Mittelpunkt), Durchmesser 31,84 cm (= Umfang: 1 m)
- ein fertiges Messrad zur Anschauung
- Faden, Meterlineal, Maßband, Meterbänder aus Papier (kostenlos im Baumarkt), kleines Lineal
- Bleistift, Kreide, Kreppband
- Nägel und Unterlegplatten zum Einschlagen von Löchern in die Klackstreifen

Werkzeug:

- Laubsäge, Kreuzschraubendreher, Hammer, Kneifzange, Allzweckschere, Nagelbohrer, Rundraspel
- Falls die Scheiben von den Kindern ausgesägt werden sollen: Holzklemmen, Schleifpapier bzw. Schleifpapierfeile, evtl. Feile.
- Falls der Stab durch die Kinder abgelängt werden soll: Feinsäge.

Arbeitsschritte für den Bau eines Messrades:

1. Mithilfe der Papierschablone wird der Umfang des Rades (hier 1 m) auf der Sperrholzplatte abgetragen und der Mittelpunkt eingezeichnet.
2. Mit der Laubsäge wird die Radscheibe ausgesägt und anschließend der Rand mit der Schleifpapierfeile geglättet.
3. Die gewünschte Länge wird auf dem Holzstab abgetragen. Anschließend wird der Stab mit der Feinsäge abgelängt.
4. Der Holzstab wird mit der langen Schraube durch den Mittelpunkt der Radscheibe so angeschraubt, dass diese noch drehbar ist.
5. Anschließend wird die Skalierung angebracht.

Bauen des Klackmechanismus (eine mögliche Lösung):

1. Für einen Klackmechanismus werden mit einem großen Nagel und einem Hammer in den Joghurtbecherstreifen (evtl. vorher einmal falten) bzw. Alublechstreifen 2 Löcher geschlagen. (Unterlage notwendig!)
2. Der Joghurtbecherstreifen für den Klackmechanismus wird mit 2 kleinen Schrauben und dem Schraubendreher an das untere Ende des Holzstabes geschraubt.
3. Jetzt kann anschaulich ermittelt werden, wo die kleine Schraube für den Klackmechanismus befestigt werden muss, damit diese den Metall- oder Joghurtbecherstreifen berührt. Ebenso kann festgestellt werden, ob und an welcher Stelle eine Kerbe in den Stab gesägt werden muss, damit die Schraube nicht am Stab hängen bleibt.
4. Der Stab wird ggfs. noch einmal losgeschraubt, die Kerbe wird mit der Feinsäge oder Laubsäge ausgesägt und evtl. mit der Rundraspel nachbearbeitet.
5. Der Stab mit Kerbe wird wieder angeschraubt.

Selbsteinschätzungsbogen

Das weiß ich nun:	Das meine ich			Das meint meine Lehrerin		
	🙂	😐	🙁	🙂	😐	🙁
Ich kenne wichtige Werkzeuge und Materialien und weiß, wie ich die Werkzeuge richtig benutze.						
Ich kann erklären, wie ein Messrad funktioniert.						
Ich kann ein Messrad zeichnen und beschriften.						
Ich kann mein Messrad mit Zentimetern beschriften.						
Ich kann einen Stab an der Scheibe befestigen.						
Ich weiß, wie ich einen „Klack-mechanismus" herstellen kann.						
Ich weiß, wie Menschen früher ein Messrad genutzt haben und wo es heute noch genutzt wird.						

So habe ich gearbeitet:	Das meine ich			Das meint meine Lehrerin		
Ich habe mich an Unterrichtsgesprächen beteiligt.						
Ich habe ordentlich gearbeitet.						
Ich habe meine Zeit genutzt.						
Partnerarbeit Ich habe gut mitgearbeitet.						

Das hat mir besonders gefallen:
Darüber möchte ich gerne mehr wissen:
Das möchte ich noch sagen:

Sequenz 9b:
Erweiterung des Messrades durch digitale Messwerterfassung

Lars Pelz und Peter Rogoll

Zeitrahmen:
Umfang ca. 3 Unterrichtsstunden

Vorgeschlagene Klassenstufe:
ab Klasse 4

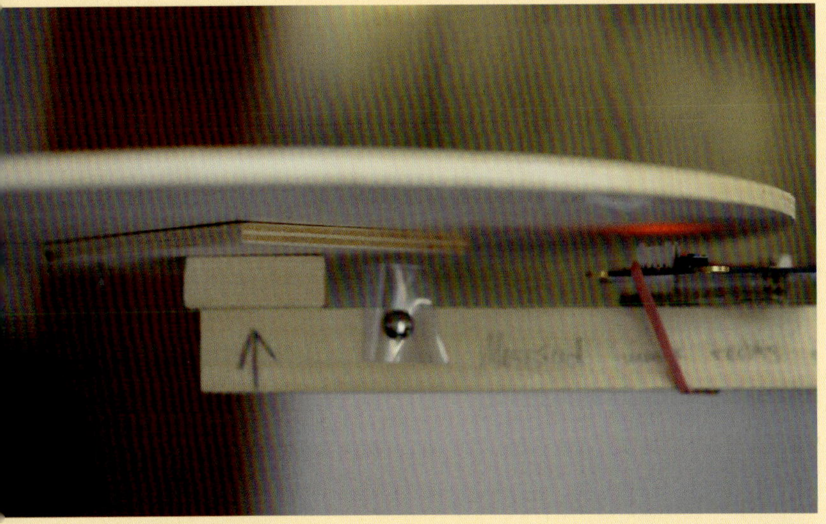

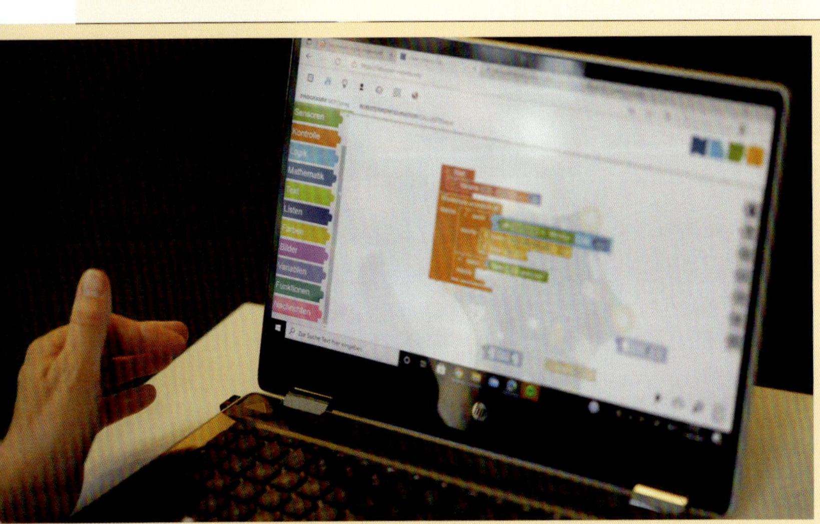

Kinder erweitern ihr Messrad mit einer digitalen Messwerterfassung

Kinder der vierten Jahrgangsstufe haben im handwerklich-praktischen Tun ein Messrad gebaut. Es rollt und man kann damit Strecken messen. In einem nächsten Schritt erweitern die Kinder ihr Messrad um eine digitale Messwerterfassung. Sie nutzen dazu den Calliope mini. So vollziehen sie technische Entwicklungen am eigenen Werkstück nach und reflektieren Chancen und Grenzen technischer Entwicklungen.
Bei dieser Einheit empfiehlt sich eine intensive Begleitung des Lernprozesses durch die Lehrperson. Den Kindern ist aus vorherigen Sequenzen der Umgang mit Calliope mini, das Erstellen von Programmen und die Übertragung auf den Mikrocontroller vertraut. Sie nutzen für die Erweiterung ihr selbst gebautes Messrad.

Ziel der Unterrichtssequenz

Auch bei dieser Sequenz geht es um Erkennen, Nachvollziehen und Reflektieren algorithmischer Muster und Strukturen, Erkennen technischer Probleme, formalisierte Beschreibung, Entwerfen von Lösungsstrategien und Planen einer strukturierten,

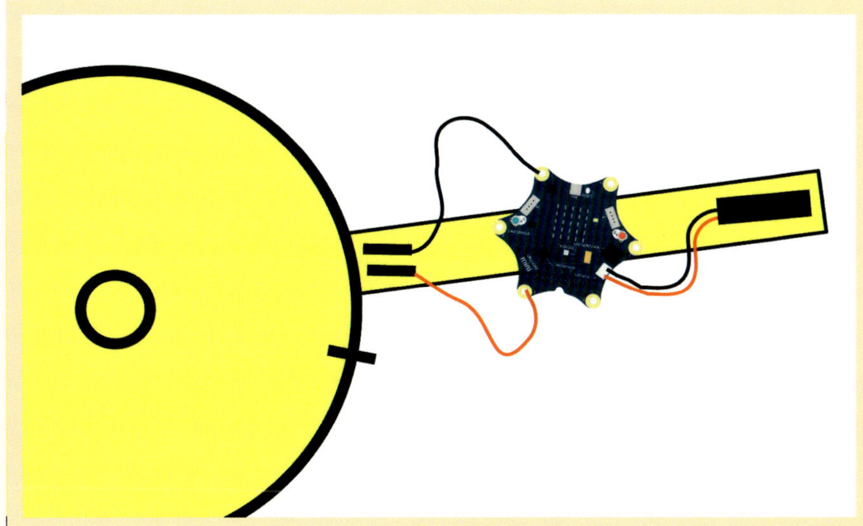

Montage Calliope mini am Messrad (Lars Pelz)

algorithmischen Sequenz, diese zu programmieren, umzusetzen und zu bewerten sowie die Konstruktion einfacher Programmabläufe, Transfer und Analogiebildung.
Am Ende der Sequenz tauschen sich die Kinder aus. Wo finden sie Anwendungsbeispiele in der Lebenswelt? Hier könnte das Erfassen der gefahrenen Strecke mit dem Fahrrad genannt werden. Welche Vor- oder Nachteile sehen die Kinder beim Vergleich der analogen und der digital gestützten Messwerterfassung mit ihrem Messrad? Eine begründete und reflektierte Meinung sollte das Ziel des handwerklichen und digitalen Erlebens der Technik sein.

Kurzbeschreibung der Sequenz

Der Calliope mini soll die Umdrehungen des Messrades zählen. Dazu muss er den Abschluss einer Umdrehung feststellen können. Dies kann mithilfe verschiedener Sensoren geschehen:

1. Lichtschranke: Durch ein Loch in der Radscheibe fällt das Licht einer LED auf den Lichtsensor im Calliope mini oder auf einen lichtempfindlichen Widerstand (light dependend resistor, LDR). Dreht sich das Rad weiter, wird die LED von der Radscheibe abgedeckt und das Licht fällt nicht mehr auf den Sensor. Durch den Unterschied zwischen Hell und Dunkel kann der Calliope mini den Zustand des Rades wahrnehmen.

Hierbei ist zu beachten: Zahlenwerte (Sensormesswerte), die „hell“ und „dunkel“ bedeuten, können variieren bzw. müssen an den Aufbau angepasst werden.
Hinweis: Je nach Lichtverhältnissen kann es zu Störungen kommen.

2. Metallkontakt: Das Messrad schließt bei jeder Umdrehung kurz einen Metallkontakt, der mit einem Pin des Calliope mini und Masse verbunden ist. Der Kontakt kann wie im Beispiel „Nageltreppe“ abgefragt werden.
Hierbei ist zu beachten: Ein Teil des Kontaktes muss am Rad befestigt werden. Wenn der Calliope mini am Griff befestigt wird, kann eine Kontaktfläche am Rad für die Schließung zweier Kontakte am Griff erfolgen, etwa so:

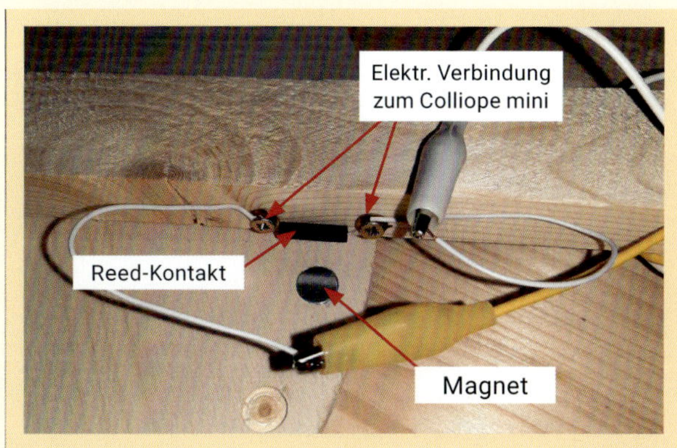

Reed-Kontakt am Messrad (Lars Pelz)

3. Reed-Kontakt: Ein Reed-Kontakt ist ein verkapselter, mechanischer Schließer, der auf Magneten reagiert. Wird ein Magnet nah an einen Reed-Kontakt herangebracht, schließt der Kontakt einen angeschlossenen Stromkreis. Die Verdrahtung ist ähnlich zu der in Abbildung S. 91 dargestellten Variante. Am Messrad muss ein kleiner Permanentmagnet angebracht werden.

Hierbei ist zu beachten: Der Magnet muss nah am Reed-Kontakt vorbeigeführt werden.

- Der Magnet sollte zunächst am Rad befestigt werden, sodass es sich frei drehen kann. Es kann mit einem Holzbohrer eine Vertiefung in die Radscheibe gefräst werden, in welche der Magnet eingelassen werden kann. Danach sollte der Reed-Kontakt direkt über dem Magneten am Griff angebracht werden.
- Eventuell kann das Rad in einer Art kurzen Schiene laufen, damit es sich nicht zu weit vom Griff entfernt.

Die Reaktionszeit des Calliope mini ist relativ lang.

- Wenn sich das Rad zu schnell dreht, ist die Schließzeit des Reed-Kontaktes zu kurz, um vom Calliope mini erfasst zu werden. Dies liegt an der Art, wie die Pins in NEPO-Programmen intern abgefragt werden. Das Rad sollte also nur langsam fortbewegt werden.

Beispielprogramm:

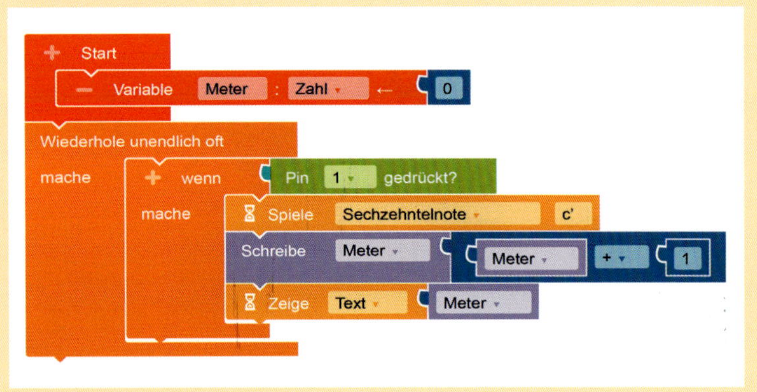

Zum Vergleich steht hier das Programm für die Lichtschranke. Es ändert sich nur die Bedingung in der Verzweigung (Lichtsensor > 50 % statt Pin 1 gedrückt).

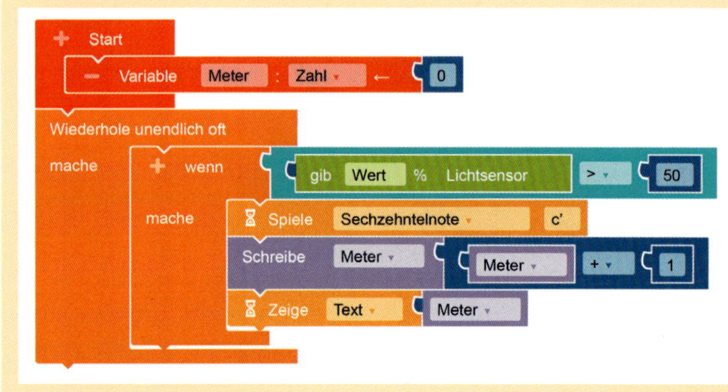

Einfaches Zählprogramm für Lichtschranke (NEPO, erstellt von Lars Pelz)

Erweiterungsmöglichkeiten

Die Streckenmessung mit dem Messrad kann verfeinert werden, wenn statt eines Impulses pro Umdrehung mehrere Impulse stattfinden (z. B. alle 10 cm Umfang). Dafür müssen mehrere Kontaktmöglichkeiten (für Pins) oder mehrere Löcher (für Lichtschranke) in einheitlichem Abstand zueinander angebracht / gebohrt werden. Das Programm kann so angepasst werden, dass eine automatische Umrechnung in die richtige Einheit erfolgt.
Die Erfassung der Umdrehungen kann auch allein mit einem oder mehreren am Messrad befestigten Magneten umgesetzt werden. Dazu ist jedoch die Nutzung des Programmier-Systems „Microsoft Makecode" erforderlich, da dieses einen umfassenderen Zugriff auf den Magnetfeld-Sensor des Calliope mini ermöglicht.

Einfaches Zählprogramm für Metall- oder Reedkontakt (NEPO, erstellt von Lars Pelz)

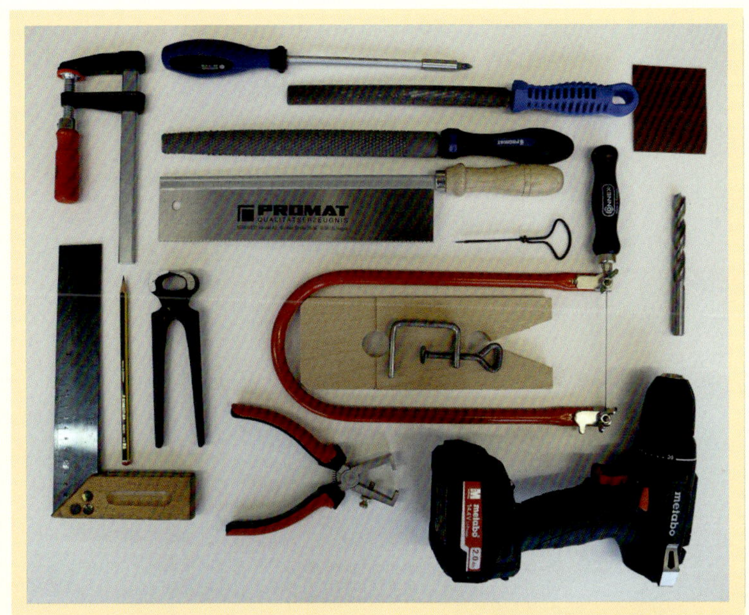
PROMAT
metabo

Ponal

Sequenz 9b

Tippkarten Vorderseite

Die Tippkarten können ausgedruckt und zusammengeklebt werden.
Sie geben den Lernenden eine gestufte Hilfestellung.

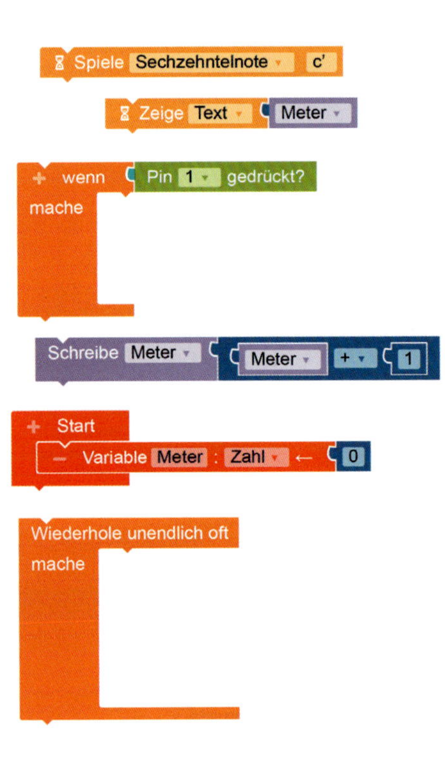

Start
Variable Meter : Zahl ← 0
Schreibe Meter Meter + 1
wenn Taste A gedrückt?
mache
Zeige Text Meter
Wiederhole unendlich oft
mache
wenn Pin 1 gedrückt?
mache
Spiele Sechzehntelnote c'

Start
Variable Meter : Zahl ← 0
Wiederhole unendlich oft
mache
wenn Pin 1 gedrückt?
mache
Spiele Sechzehntelnote c'
Schreibe Meter Meter +
wenn Taste A gedrückt?
mache
Zeige Text Meter

Spiele Sechzehntelnote c'
Zeige Text Meter
wenn Pin 1 gedrückt?
mache
Schreibe Meter Meter + 1
Start
Variable Meter : Zahl ← 0
Wiederhole unendlich oft
mache

Start
Variable Meter : Zahl ← 0
Schreibe Meter Meter + 1
wenn Taste A gedrückt?
mache
Zeige Text Meter
Wiederhole unendlich oft
mache
wenn Pin 1 gedrückt?
mache
Spiele Sechzehntelnote c'

Start
Variable Meter : Zahl ← 0
Wiederhole unendlich oft
mache
wenn Pin 1 gedrückt?
mache
Spiele Sechzehntelnote c'
Schreibe Meter Meter +
wenn Taste A gedrückt?
mache
Zeige Text Meter

Tippkarten Rückseite

Messrad **TIPP 1** (die wichtigsten benötigten Blöcke)	**Messrad** **TIPP 2** (alle benötigten Blöcke)	**Messrad** **LÖSUNG**
Messrad **TIPP 1** (die wichtigsten benötigten Blöcke)	**Messrad** **TIPP 2** (alle benötigten Blöcke)	**Messrad** **LÖSUNG**

Sequenz 9c:
Leben in einer technisierten Welt – Chancen, Limitationen, Verantwortung

Claudia Tenberge

Kinder reflektieren Problemlösungen

Vor dem Hintergrund der gemachten Erfahrungen mit analogen und digital gestützten Problemlösungen sollen die Schüler:innen Vor- und Nachteile technischer Entwicklungen einschätzen und dabei eigene und Bedürfnisse, Gefühle und Interessen anderer miteinbeziehen. Anhand von Impulskarten* diskutieren sie mögliche Auswirkungen, Chancen, Limitationen und Fragen nach der Verantwortung in Bezug zu technischen Entwicklungen.
Bei der Diskussion mit den Kindern** zeigten sich ernsthafte Reflexionen zu den Chancen und Limitationen technischer Entwicklungen. Die Kinder bezogen in ihre Gespräche auch weitere Aspekte, z. B. gesellschaftliche und umwelttechnische Gesichtspunkte mit ein. So äußerte ein Kind zur Frage „Hättet ihr gerne einen Roboterhund?“ Folgendes:
„Wenn ich einen echten Hund trainiere, ist es viel spannender und ungewisser, was passiert. Wenn es klappt, kann ich mich viel mehr darüber freuen. Denn der Roboterhund, der wird einfach programmiert und macht dann immer das, was man ihm durch die Programmierung gesagt hat.“ (a.a.O., S. 34 Lehrermaterial)

Zwei Unterrichtsideen in Kürze

1. „Was wäre, wenn ich den Calliope mini weiterentwickeln könnte?“
Ausgehend von diesem Impuls entwickeln die Kinder in Partnerarbeit Möglichkeiten und dokumentieren diese zeichnerisch und/oder schriftlich auf Plakaten. Leitend für die Arbeit sind folgende Fragen, die an der Tafel notiert sind.
- Was soll der neue Calliope mini können?
- Warum soll er diese Erweiterung bekommen?
- Was ist dafür nötig?

Nach der 30-minütigen Arbeitsphase versammeln sich die Kinder im Sitzkreis und legen die Plakate in der Mitte aus. Einzelne Tandems präsentieren ihre Vorschläge. Die anderen Gruppen vergleichen den jeweiligen Vorschlag mit den eigenen kreativen Ideen und stellen im Gespräch Gemeinsamkeiten und Unterschiede heraus. Es schließt sich eine Diskussionsrunde an:
- Wie wird ein Calliope mini hergestellt?
- Welche Geräte in deinem Haushalt werden von Computern gesteuert?
- Welche Aufgaben könnte ein Calliope mini in deinem Haushalt/in der Schule übernehmen?

In dieser Sequenz haben die Kinder den Calliope mini adressatengerecht weiterentwickelt und für die Entwicklung und Dokumentation Modellzeichnungen erstellt. Die Ideen einer Weiterentwicklung des Calliope mini werden in Bezug auf Chancen und Grenzen kritisch reflektiert. Damit beschreiben die Kinder eine technische Weiterentwicklung und bewerten diese in Bezug auf Auswirkungen im Alltag. Dabei tauschen sie Argumente aus, um zu einer Entscheidung zu gelangen.

2. „Wer ist verantwortlich?“
Bei der kreativen Weiterentwicklung des Calliope mini haben die Kinder sich bereits mit Aspekten der Erfindung und der Bewertung technischer Entwicklungen am eigenen Beispiel vertraut gemacht. Anhand von Dilemma-Karten setzen sie sich nun auch mit Einflüssen von Algorithmen und Folgewirkungen der Automatisierung von Prozessen in der digitalisierten Lebenswelt auseinander und reflektieren sie. Im Klassenraum sind auf DIN-A2-Bögen die fünf Dilemma-Karten auf je einem Gruppentisch bereitgelegt. Die Kinder laufen in Kleingruppen durch den Raum und orientieren sich. Sie haben in einem sich anschließenden stillen Schreibgespräch Gelegenheit, sich auf den Bögen schriftlich zu äußern.
Im Anschluss erhält jede Kleingruppe einen der Bögen, ergänzt gegebenenfalls eigene Überlegun-

gen und bereitet die Ergebnisse auf. Gruppenintern diskutieren die Kinder über die Aspekte und sollen sich entscheiden, wie sie zu dem Dilemma stehen. Dazu könnten sich zunächst die beiden Tischnachbar:innen austauschen und einigen; danach folgt ein Gespräch am Gruppentisch, um eine Entscheidung zu treffen und diese zu begründen.
Die Entscheidungen zu den fünf Dillemata werden im Plenum vorgestellt und die Begründungen ausgetauscht. In einer kurzen Abschlussrunde kann in einem Blitzlicht Stellung genommen werden zu Impulsen:

- (Nicht) gut wäre, wenn Roboter ...
- Mein Wunschroboter könnte, ...
- Roboter sind (nicht) gut für ...

Am Ende der Einheit reflektieren die Kinder die Ausgangsfrage „Schöne neue Technikwelt – oder?“ und resümieren, dass technische Entwicklungen (analog oder digital) zweckgerichtet und vom Menschen erschaffen worden sind. Die technischen Artefakte sind vom Mensch für Menschen gemacht und können in Verantwortung für sich, für andere und die Umwelt mitgestaltet werden.

Material

- Dilemma-Karten
- Impuls-Karten

Anmerkung

** Dieser Vorschlag fußt auf unten ausgewiesener Unterrichtsentwicklung (siehe Literatur, S. 35 – 38).

Literatur

* Müller, Kathrin/Jansen, Ute/Kremer, Markus/Schulte, Carsten unter Beratung von Claudia Tenberge (2019): Roboter verstehen, gestalten und beurteilen. Eine Unterrichtsreihe mit dem Roboter Ozobot, online: https://uni-paderborn.sciebo.de/s/GIAmlKSDIYPYmEW?path=%2FOzobot_Unterrichtseinheit#pdfviewer

Impulskarten

Braucht ein Roboter ein eigenes Zimmer?

Kann ein Roboter die Lehrerin oder den Lehrer in der Schule ersetzen?

Hättet ihr gerne einen Roboterhund? Kann er einen echten Hund ersetzen?

Dilemmakarten

Der Staubsaugerroboter saugt Marienkäfer ein.

Wer ist schuld?

Ein LKW fährt in den Graben, weil die Navigation gesagt hat „Fahren Sie geradeaus“.

Wer ist schuld?

Bildnachweise

Fotos

ArtSpree
U1: Foto unten © ArtSpree/stock.adobe.com (Generiert mit KI)

Manon Gödiker/ProWood Stiftung
U1: Foto oben, Mitte, rechts; S. 13 unten links, 13 unten rechts, 14 unten rechts, 15, 16, 19, 20, 22–26, 29, 38, 39 unten rechts, 41, 42 unten, 43 Mitte rechts, 44, 46-48, 49 oben links, 50 oben rechts, 50 unten rechts, 52, 54–59, 65, 66, 67 oben links, 67 oben rechts, 68 oben links, 69 oben rechts, 70 unten links, 70 unten rechts, 71, 74–76, 82, 84–87, 90, 93, 97

Lars Pelz
S. 91 unten

Thorsten Kirste
S. 74 unten

Peter Rogoll
S. 62

Claudia Tenberge
S. 11 oben links, 11 oben rechts, 13 oben links, 13 oben rechts, 17, 24, 25, 28, 36, 37, 39 oben links, 40 oben links, 49 oben rechts, 68 Mitte rechts, 68 unten links, 68 unten rechts

Frauke Vehmeier
S. 62–64

Abbildungen

Calliope mini
S. 17, 18, 39, 69, 77, 90

Fraunhofer-Gesellschaft e.V.: Nepo (Open Roberta Lab), Abbildungen erstellt von Lars Pelz
S. 40 unten rechts Screenshot von der APP, 42 oben Screenshots von der APP, 43 Mitte links Screenshots von der APP, 49 unten links, 50 oben links, 51 unten, 67 unten links, 69 unten, 70 oben, 77 oben rechts, 77 unten, 79, 80, 81, 92, 94

Lars Pelz
S. 77 oben links, 91 oben

Die Grundschule als anregungsreicher Entwicklungsort

TANJA KÜHN | HENNIG SCHÜLER

Lebendige Grundschule: Wie Arbeit und Glück sich verbinden

Ermutigungen zum Selbermachen

21,5 x 28 cm, 192 Seiten in Farbe

ISBN 978-3-7727-1536-5

Schule ist Lernen und Lehren. Wo das eine mit dem anderen gelingt, wird die Grundschule zu einem anregungsreichen Entwicklungsort für Kinder – durch Anschauung und Tätigkeit, Freie Arbeit und Selbstständigkeit, Einfühlsamkeit und Warmherzigkeit, im Miteinander und Füreinander, Drinnen und Draußen.
Für das Gelingen der täglichen Schularbeit gibt es kein Rezept. In allem kommt es auf die Menschen an – immer wieder neu auf jede Einzelne und jeden Einzelnen. Es ist die Person der Lehrerin und des Lehrers, durch die die Sachen zu den Kindern kommen und Bildungskraft gewinnen. Lesen, Schreiben und Rechnen sind der Kern. Dazu ein großes Fenster in die Welt in einem Lernraum, der auch Lebensraum ist.

Wie eine so lebendige Grundschule gelingen kann und wohin sie führen kann, zeigt dieses Buch an einem konkreten Fall. Eine Lehrerin und ein Lehrer haben ihre Arbeit in einer jahrgangsgemischten Klasse 1 bis 4 über mehrere Jahre in Fotos und Texten aufgezeichnet. Sie beschreiben, was sie pädagogisch und didaktisch tun und sich dabei denken:

- Mathematik mit Montessori,
- Drucken mit Freinet,
- Tafelgeschichten mit Kempowski,
- Falten mit Fröbel,
- Aklama mit Antes
- v.a.m.

Darüber hinaus zeigen sie, was sie noch gefunden und erfunden haben:
Draußentage, Waldwochen, Knochenarbeit, ein Fachwerkhaus, Bildungsreisen in Referaten.
Das reich bebilderte Buch aus dem Alltag einer Grundschule ist eine Ermutigung zum Selbermachen – in eigener Lebendigkeit. Es richtet sich an Grundschullehrerinnen und -lehrer, Referendarinnen und Referendare, die nach neuen Impulsen suchen, wie Grundschulunterricht für alle bereichernd sein kann.

Fachbuch

Stand 2024

Unser Leserservice berät Sie gern:
Telefon: 05 11/4 00 04 -150
Fax: 05 11/4 00 04 -170
leserservice@friedrich-verlag.de

www.klett-kallmeyer.de

Produktiver und verstehender Umgang mit Technik

KORNELIA MÖLLER (HRSG.)

Holz erleben – Technik verstehen

Praktische Unterrichtsideen und Materialien für die Grundschule

21,5 x 28 cm, 176 Seiten in Farbe

ISBN 978-3-7800-4839-4

Kinder kommen in ihrer Lebenswelt täglich mit Technik und ihren Auswirkungen in Berührung. Selten aber können sie Technik durchschauen. Wird jedoch das Entwerfen, Bauen und Konstruieren mit den eigenen Interessen in Beziehung gesetzt, kann Kindern ein produktiver und verstehender Zugang zur Technik eröffnet werden. Mit dem Werkstoff Holz und seiner Bearbeitung lässt sich die Entwicklung und Förderung von zentralen Kompetenzen, wie sie die Lehrpläne vorsehen, gut verbinden.
Das Buch enthält ein Curriculum für die Grundschule, das den Anforderungen der Lehrpläne Rechnung trägt und zusammen mit der ProWood Stiftung im Projekt teachwood erprobt und über Jahre weiterentwickelt wurde.

Es bietet vielseitige Ideen und praktische Anregungen für Lehrkräfte an Grundschulen zu den Themen
- Umgang mit Werkzeugen und Herstellung einfacher Gegenstände,
- Erfinden technischer Lösungen und
- Bewerten von Technik.

Bei der Gestaltung und Durchführung im Sachunterricht helfen
- konkrete Umsetzungsbeispiele,
- Arbeitsblätter,
- Bauanleitungen,
- Stationenkarten,
- filmische Anleitungen zum Werkzeuggebrauch (Videoclips),
- Hinweise und Anregungen zu Organisation des Unterrichts und Beschaffung von Materialien
- ein Plakat mit Werkzeugabbildungen und -bezeichnungen u.v.m.

Das Handbuch richtet sich an Studierende, LehramtsanwärterInnen und Lehrende in der Grundschule sowie an FortbildnerInnen, die Schülerinnen und Schülern ein Verständnis von Technik in der sachgerechten Auseinandersetzung mit dem Werkstoff Holz vermitteln möchten.

Fachbuch

Stand 2024

Im Downloadbereich finden Sie vertiefende Materialien.

Unser Leserservice berät Sie gern:
Telefon: 05 11/4 00 04 -150
Fax: 05 11/4 00 04 -170
leserservice@friedrich-verlag.de